COLLECTION FOLIO

Yasmina Reza

Théâtre

Trois versions de la vie
Une pièce espagnole
Le dieu du carnage
Comment vous racontez la partie

Gallimard

© Éditions Albin Michel et Yasmina Reza, 2000,
pour « Trois versions de la vie ».

© Éditions Albin Michel et Yasmina Reza, 2004,
pour « Une pièce espagnole ».

© Éditions Albin Michel et Yasmina Reza, 2007,
pour « Le dieu du carnage ».

© Yasmina Reza, Flammarion, 2011 et 2014,
pour « Comment vous racontez la partie ».

Yasmina Reza est écrivain. Parmi ses romans figurent notamment *Une désolation, Adam Haberberg, Dans la luge d'Arthur Schopenhauer, Heureux les heureux* et *Babylone*, prix Renaudot 2016. Ses pièces de théâtre, dont *Conversations après un enterrement, « Art », Le dieu du carnage* ou encore *Bella Figura*, sont jouées dans le monde entier. Ses œuvres sont adaptées dans plus de trente-cinq langues et ont reçu les deux prix anglo-saxons les plus prestigieux : le Laurence Olivier Award et le Tony Award.

TROIS VERSIONS
DE LA VIE

HENRI
SONIA
HUBERT FINIDORI
INÈS FINIDORI

(entre 40 et 50 ans)

I

Soir.
Un salon.
Le plus abstrait possible. Ni murs ni portes ; comme à ciel ouvert.
Ce qui compte, c'est l'idée du salon.

Sonia est assise, en robe de chambre. Elle lit un dossier.
Henri apparaît.

HENRI Il veut un gâteau.

SONIA Il vient de se laver les dents.

HENRI Il réclame un gâteau.

SONIA Il sait très bien qu'il n'y a pas de gâteau au lit.

HENRI Va lui dire.

SONIA Pourquoi tu ne lui as pas dit ?

HENRI   Parce que j'ignore qu'il n'y a pas de gâteau au lit.

SONIA   Comment tu ignores qu'il n'y a pas de gâteau au lit ? Il n'y a jamais eu de gâteau, il n'y a jamais eu de sucré au lit.

Elle sort.
Un temps.
L'enfant pleure. Elle revient.

HENRI   Qu'est-ce qu'il a ?

SONIA   Il veut un gâteau.

HENRI   Pourquoi il pleure ?

SONIA   Parce que j'ai dit non. Il devient atrocement capricieux.

HENRI, *après un léger temps*   Donne-lui un quartier de pomme.

SONIA   Il ne veut pas un quartier de pomme, il veut un gâteau et de toute façon il n'aura rien. On ne mange pas au lit, on mange à table, on ne mange pas au lit après s'être lavé les dents et maintenant je veux examiner ce dossier, j'ai un conseil à dix heures demain matin.

L'enfant continue de pleurer.
Henri sort. L'enfant s'arrête de pleurer.
Henri revient.

HENRI   Il veut bien un quartier de pomme.

SONIA   Il n'aura ni pomme ni rien, on ne mange pas au lit, le sujet est clos.

HENRI   Va lui dire.

SONIA   Arrête.

HENRI   J'ai dit oui pour la pomme, je croyais que la pomme c'était possible. Si tu dis non, va lui dire, toi.

SONIA, *après un temps*   Apporte-lui un quartier de pomme et dis-lui que tu le fais en secret de moi. Dis-lui que je suis contre et que tu le fais uniquement parce que tu as dit oui mais que moi je ne dois pas le savoir car je suis radicalement opposée à toute nourriture au lit.

HENRI   Je la pèle ?

SONIA   Oui.

Il sort.
Un temps. Il revient.

HENRI   Il veut que tu lui fasses un câlin.

SONIA   J'ai déjà fait un câlin.

HENRI   Retourne lui faire un petit câlin.

SONIA   On va retourner combien de fois dans sa chambre ?

HENRI   Un petit câlin. Je l'ai calmé, il va dormir. *(Elle sort. Un temps. L'enfant pleure. Elle revient. S'assoit en silence. Reprend son dossier.)* Qu'est-ce qu'il a encore ?

SONIA   Il veut la pomme en entier.

Un temps.
Chacun reprend son occupation.

HENRI   Pourquoi on ne lui donne pas la pomme en entier ? C'est bon qu'il aime les fruits.

SONIA   Il n'aura plus rien.

HENRI   Si tu veux, je la pèle et je lui apporte.

SONIA   Pourris-le. Je m'en fous. Je me désintéresse.

HENRI, *en direction de l'enfant*   Arnaud, dodo !

SONIA   Qu'est-ce qu'il est chiant.

HENRI   Dodo !

SONIA   Plus tu cries dodo plus tu l'excites.

HENRI   On ne va pas passer la soirée à l'entendre pleurnicher. Je ne comprends pas cette rigidité. Qu'est-ce qu'une petite pomme va changer dans la nuit des temps ?

SONIA   Si nous cédons sur la pomme, il saura qu'on peut céder sur tout.

HENRI   On n'a qu'à lui dire qu'on cède sur la pomme ce soir exclusivement ce soir, par gentillesse et parce que nous sommes fatigués de l'entendre geindre.

SONIA   Certainement pas parce que nous sommes fatigués de l'entendre geindre !

HENRI   Oui, bien sûr, c'est ce que je voulais dire, nous ne céderons plus dorénavant, surtout s'il geint à la moindre contrariété ce qui ne fera que nous raidir.

SONIA   Lui dire que nous sommes fatigués de l'entendre geindre est la pire phrase que tu pouvais trouver. C'est inimaginable que tu puisses même formuler une phrase pareille.

HENRI   Nous sommes *fatigués* de l'entendre geindre au sens générique du terme. Nous en avons *assez* qu'il geigne d'une façon générale.

SONIA   D'où la pomme en entier.

HENRI   D'où la pomme, d'où l'ultime pomme en tant qu'exception. *(Sonia lit. Henri sort. Très vite l'enfant cesse de pleurnicher. Henri revient.)* Il était content. En fait, tu sais, je crois vraiment qu'il avait faim. Je lui ai expliqué qu'il fallait impérativement changer de comportement. Impérativement. Il veut un câlin. Juste un petit câlin.

SONIA   Non.

HENRI   Un petit câlin.

SONIA, *l'imitant bêtement*   … un petit câlin.

HENRI   Je lui ai dit que tu venais.

Sonia se lève.

HENRI, *en direction de l'enfant*   Maman arrive !

Sonia sort.
Henri reste seul.
Assez vite l'enfant pleure.
Sonia revient.

SONIA   Je ne retournerai plus une seule fois, sache-le.

HENRI   Qu'est-ce qui se passe ? À chaque fois que tu y vas, il pleure.

SONIA   Qu'est-ce que ça veut dire ?

HENRI   Je ne sais pas. À chaque fois que tu vas dans sa chambre, il recommence à pleurer.

SONIA   Et alors ?

HENRI   Quand moi j'y vais, il se calme, il s'apprête à s'endormir gentiment.

SONIA   Et quand moi j'y vais, il hurle à la mort.

HENRI   Qu'est-ce que tu lui as dit ?

SONIA   Pour qu'il hurle à la mort ?

HENRI   Écoute, avoue que c'est curieux, on dirait que tu l'énerves à chaque fois.

SONIA   Tu sais ce qu'il voulait ? Il ne voulait pas « un petit câlin », il voulait une histoire. Il voulait écouter une quatrième histoire en croquant sa pomme.

HENRI   Arnaud, dodo !

SONIA   La ferme, Arnaud !

HENRI   Comment tu lui parles ?

SONIA   Ta gueule, Arnaud !

HENRI   Tu es complètement cinglée !

SONIA   Il se tait. Tu vois.

HENRI   Il se tait parce qu'il est traumatisé.

SONIA   Toi tu ne traumatises personne, c'est sûr. Ni ton fils ni Hubert Finidori.

HENRI   Quel rapport avec Hubert Finidori ?

SONIA   J'aimerais t'enregistrer quand tu lui parles au téléphone. Le ton obséquieux et arrangeant.

L'ENFANT, *de la chambre*   Papa !

HENRI   Oui, mon chéri. *(En sortant.)* Tu m'expliqueras ce que Hubert Finidori vient faire dans cette conversation. *(Sonia a repris sa lecture. Henri revient.)* Il est bouleversé. *(Elle ne réagit pas.)* Il ne peut pas comprendre cette violence de la part d'une mère.

SONIA   Le pauvre chou.

HENRI   Sonia, tu continues avec ce ton et l'autre continue à faire chier, moi je me tire.

SONIA   Tire-toi.

HENRI   Je me tire et je ne reviens pas.

SONIA   Qui te retient ?

Henri arrache le dossier des mains de Sonia et le jette à terre.

HENRI   Va embrasser le petit, va lui dire que tu regrettes d'avoir parlé avec cette disproportion.

SONIA   Lâche-moi !

HENRI   Je ne te lâche pas tant que tu ne t'es pas excusée.

SONIA   M'excuser de quoi ? Tu ne pourrais pas une seule fois dans ta vie être de mon côté ! M'excuser de quoi ? De ne pas lui avoir apporté un paquet de Fingers ? Tu veux un paquet de Fingers, Arnaud ?

HENRI   Tu es hystérique !

SONIA   Tu veux la boîte de Fingers, Arnaud !

HENRI   Arrête !

SONIA   Papa arrive avec la boîte de Fingers !

Henri tente de la bâillonner avec sa main.

L'ENFANT, *de sa chambre*   Papa !

HENRI   Ça suffit, Arnaud !

Ils luttent.

SONIA   Pourquoi tu lui dis ça suffit, le pauvre, c'est nous qui lui proposons des Fingers !

HENRI   Chut !

SONIA   Tu m'étouffes !

HENRI   Il entend tout !

SONIA   Au secours !

On les quitte brutalement, en pleine action.

*

Soir. Dans la rue.

INÈS   J'ai filé mon collant !

HUBERT   Ça ne se voit pas.

INÈS   Parce que c'est le début. Ça ne va faire qu'empirer.

HUBERT   Ce n'est pas très grave.

INÈS   Hubert, je ne vais pas chez des gens que je ne connais pas avec un bas filé.

HUBERT   Nous avons déjà une demi-heure de retard, nous ne pouvons ni retourner à la maison ni chercher dans la nuit un marchand de collants. Assumons l'incident.

INÈS   Tu m'as pressée, voilà le résultat. C'est encore loin ? Pourquoi tu t'es garé si loin ? Il y a toutes les places qu'on veut ici, qui veut habiter là ?

HUBERT   Tu n'as pas du vernis à ongles ?

INÈS   Du vernis à ongles ?

HUBERT   Pour résoudre le collant.

INÈS   Et avoir l'air d'une clocharde ?

HUBERT   Il est neuf heures vingt.

INÈS   Je ne peux pas arriver avec un bas filé !

HUBERT   Qui voit ça ?

INÈS   Qui voit ça ? Tout le monde à part toi, quelqu'un arrive chez moi avec un bas filé, la première chose que je vois c'est le bas filé.

HUBERT   Tu n'as qu'à dire à la femme d'Henri que tu viens de filer un bas dans l'ascenseur, que tu es très gênée, avec un peu de chance elle va t'en prêter un, Inès, on se fout de ces gens, il n'a rien publié depuis trois ans, il a besoin de mon appui pour passer directeur de recherches, que tu arrives avec un bas filé ou non, ils seront courbés en deux.

*

À nouveau chez Sonia et Henri.
Ils reviennent ensemble de la chambre d'enfant.

HENRI   Tu l'as paniqué.

SONIA   Henri, nous venons d'en parler, on ne va pas recommencer.

HENRI   Un enfant de six ans, entendre sa mère crier au secours. Imagine.

SONIA   Il est rassuré, le sujet est clos.

HENRI   Dans sa propre maison ! Dans sa propre maison ! Ce qui signifie que l'agresseur ne peut être que moi. Son père.

SONIA   Arnaud a admis qu'on plaisantait.

HENRI   Pour nous faire plaisir. Il est beaucoup plus malin que tu ne crois.

SONIA   Le sujet est clos.

Elle se replonge dans ses dossiers.

HENRI   Donc je parle d'un ton obséquieux à Hubert Finidori ?

On sonne.

SONIA, *à voix basse*   Qui est-ce ?

HENRI, *idem*   Je vais regarder. *(Il revient aussitôt. Tout ce qui suit, à voix basse :)* Les Finidori !

SONIA   C'est demain !

HENRI   On est le 17… C'est ce soir.

SONIA   C'est une catastrophe.

HENRI   Oui.

SONIA   Ils nous ont entendus ?

HENRI   Qu'est-ce qu'on a dit ?

SONIA   On ne peut pas ouvrir.

HENRI   On ne peut pas ne pas ouvrir.

SONIA   Qu'est-ce qu'on fait ?

HENRI   Va te... va te recomposer un petit peu.

SONIA   On ouvre ?

HENRI   Ils savent qu'on est là.

SONIA   C'est une catastrophe.

HENRI   Il reste quelque chose dans la cuisine ?

SONIA   On a tout fini. Pour moi, c'était demain.

HENRI   C'était fondamental ce dîner pour moi !

SONIA   Tu m'accuses !

HENRI   Va te changer au moins.

SONIA   Non.

HENRI   Tu ne vas pas recevoir les Finidori en robe de chambre !

SONIA   Si.

HENRI, *il la pousse vers le fond de l'appartement en essayant de ne pas faire de bruit*   Va t'habiller, Sonia !

SONIA, *elle résiste à sa pression*   Non.

HENRI, *ils luttent en silence*   Comment peux-tu être si égoïste ? *(Nouvelle sonnerie.)* J'ouvre.

*

Inès, Hubert, Sonia et Henri dans le salon.
Les deux invités picorent divers mets froids (chips, Babybel, boîte de Fingers, etc.) posés sur un plateau.
Sonia et Henri les accompagnent en buvant.
Sonia s'est changée. Inès a conservé son bas filé.

INÈS   Moi aussi je suis très à cheval sur les rituels du coucher. D'abord l'heure, on se couche à huit heures, enfin bon on peut se coucher à huit heures et demie mais enfin disons entre huit heures et huit heures et demie, à huit heures trente quoi qu'il arrive on est au lit, dents ultra-lavées parce que le matin, honnêtement, je trouve ça difficile d'exiger le lavage des dents avant l'école, je reconnais que c'est un tort, en réalité il faudrait se brosser les dents matin et soir minimum mais bon, je fais l'impasse sur le matin en revanche ils savent que le soir c'est vraiment à fond et qu'il est hors de question évidemment de manger quoi que ce soit ensuite, Hubert c'est curieux, il est d'accord avec les repères éducatifs, mais d'un autre côté il va les exciter en entamant une partie de foot avec eux, dans la chambre, à huit heures du soir.

Tout le monde rit.

HUBERT   Une fois. Une fois, j'ai joué au foot !

INÈS   Une fois tu as joué au foot mais tu les excites régulièrement.

HENRI   Et vous êtes très sévère sur les dents.

INÈS   Ah oui. Oui, très sévère sur les dents. Ce ne sont pas tellement les dents au fond, c'est la discipline. Encore que je sois aussi à cheval sur l'hygiène naturellement mais les dents, c'est la discipline. On se couche, on se lave les dents.

SONIA, *à Henri*   Tu vois !

HENRI   Arnaud se lave les dents.

SONIA   Mais après tu lui pèles une pomme.

INÈS, *riant aimablement*   Ah non. Non ! Si vous lui pelez une pomme après les dents, vous rendez tout le système caduc.

HENRI   Quand je me lave les mains, il est rare que je ne touche plus à rien ensuite.

HUBERT   Bravo, Henri. Elles nous tuent avec leurs théories. Il faudrait des femmes qu'on puisse éteindre de temps en temps. Pas mauvais ces petits gâteaux. *(Il croque les Fingers.)* Alors, où en êtes-vous avec l'aplatissement des halos ?

HENRI   J'ai fini. Je soumets l'article avant la fin du mois.

HUBERT   Épatant. Cela dit vous devriez vérifier sur Astro PH, il m'a semblé voir une publication voisine, acceptée dans *A.P.J.*

L'ENFANT, *de la chambre*   Maman !

HENRI, *atterré*   Ah bon ? Très récente alors ?

HUBERT   Oui, oui, ce matin. « *On the flatness of galaxy halos* ».

L'ENFANT   Maman !

HENRI   « *On the flatness of galaxy halos* » ? C'est mon sujet ! Qu'est-ce qu'il veut, Sonia, vas-y ma chérie ! *(Sonia sort.)* Vous me perturbez, Hubert.

HUBERT   Vérifiez avant de vous mettre martel en tête.

HENRI   J'ai laissé mon portable à l'Institut. *(On entend l'enfant pleurer.)* Mais qu'est-ce qu'il a ce soir ! « *On the flatness of galaxy halos* », c'est mon sujet ! « *Are the dark matter halos of galaxies flat ?* » Quelle différence ?

HUBERT   Il traite peut-être de matière visible. J'ai lu l'abstract en vitesse. *(Croquant le dernier petit gâteau.)* Mais je dois dire que ça m'a troublé, c'est pour ça que je vous en informe.

INÈS, *tandis qu'on entend toujours l'enfant pleurer*   Il vaut mieux qu'il lise avant de s'inquiéter.

HUBERT   Inès, mon cœur, n'interviens pas quand tu ne sais pas de quoi tu parles.

HENRI, *à voix forte*   Qu'est-ce qu'il a, Sonia !

INÈS   Pourquoi l'oppresser à l'avance ?

Sonia revient.
L'enfant a cessé de pleurer.

SONIA   Il veut des Fingers.

HENRI   C'est dément.

SONIA   Il a eu la pomme, maintenant il veut les Fingers.

HUBERT, *soulevant le paquet vide*   J'espère que ce ne sont pas les friandises que je viens de manger ?

SONIA   Si.

HENRI   Vous avez très bien fait ! On ne va pas lui donner des Fingers à dix heures du soir. Au lit !

HUBERT   Je suis navré. Vous n'aviez pas un autre paquet ?

INÈS   Mais enfin, Hubert, ils ne vont pas lui donner des Fingers à dix heures du soir au lit !

HENRI   Bien sûr que non !

SONIA   On peut lui donner du fromage.

HENRI   Sonia, qu'est-ce qui te prend ?

SONIA   Tu préfères qu'il gâche la soirée ? Au moins on sera tranquille.

INÈS   C'est tout ce qu'il espère.

SONIA   Pardon ?

INÈS   Il se rend odieux pour que vous cédiez.

SONIA   Et nous cédons.

INÈS   Et vous avez tort.

HUBERT   Inès, voyons, ne te mêle pas de…

INÈS   Je me mêle de ce que je veux, arrête de me brider !

HENRI, *à Sonia*   Apporte-lui son fromage, apporte-lui ce que tu veux mais qu'il arrête de nous interrompre ! Quelle était son approche ? Modélisation d'observations ou simulations numériques ?

HUBERT   Il m'a semblé modélisation mais encore une fois…

HENRI, *l'interrompant*   Modélisation ! Je suis foutu. Deux ans de travail foutus en l'air.

HUBERT Quelle nervosité, Henri ! Je dis modélisation mais peut-être est-ce simulation et attendez, peut-être n'a-t-il modélisé que la partie visible !

INÈS C'est quoi votre sujet en français ?

HENRI Les halos de matière noire des galaxies sont-ils plats ?

INÈS Et d'après vous ils sont plats ?

HENRI D'après moi ils sont dix fois plus minces que longs.

INÈS Ah bon…

SONIA, *revenant* Il ne veut pas de fromage, il ne veut rien, il veut des Fingers et ne vous sentez absolument pas gêné d'avoir terminé le paquet, il n'en aurait pas eu.

HENRI Qu'est-ce qu'il fait ?

SONIA Il pleure. J'ai fermé toutes les portes, comme ça on ne l'entend plus.

INÈS Pauvre chou.

SONIA Vous avez assez mangé ? J'ai vraiment honte.

HENRI Si on n'avait pas eu Arnaud, on vous aurait emmenés au restaurant.

HUBERT   Henri, quittez cet air sinistre. Même si vos approches sont similaires, ce qui n'est pas avéré, vos conclusions sont certainement différentes.

INÈS   Mais oui !

HUBERT   Et c'est une spécialiste qui vous parle !

INÈS   Tu ne fais rire personne. Et encore moins le pauvre Henri.

HUBERT   Je sais comment faire rire Henri ! Henri, vous voulez rire, demandez à Inès de vous décrire un halo.

SONIA   Vous savez, Henri a déjà sa demeurée à domicile.

INÈS   Si vous croyez que je me vexe !

HENRI   C'est ma mort scientifique, cet article. Ça m'inquiète de ne plus entendre le petit. Laisse les portes ouvertes Sonia, s'il te plaît, j'ai déjà assez de soucis ce soir !

INÈS   Que voulez-vous qu'il arrive ?

HENRI   Rien. Mais quand mon fils pleure, je préfère l'entendre.

SONIA   Toi peut-être mais pas forcément nos invités.

INÈS   Laissez les portes ouvertes, ne vous gênez pas pour nous.

HUBERT   Ne vous gênez pas pour nous. *(Sonia retourne vers la chambre de l'enfant.)* De toute façon mon vieux, vous me paraissez légèrement fragile ce soir. Mort scientifique !

Sonia revient. On n'entend pas l'enfant.

HENRI   Trois ans sans publier pour se voir refuser un sujet parce que déjà traité, ça s'appelle comment ? Mort scientifique.

HUBERT   Vous n'êtes pas aux États-Unis !

HENRI   C'est pire. Au moins les choses sont claires là-bas. On ne l'entend plus, il est calmé ?

SONIA   On dirait.

HENRI   Tu n'as pas été le voir ?

SONIA   Non.

HENRI   Ce n'est pas normal qu'il se soit arrêté de pleurer brutalement.

INÈS   Vous le surcouvez, Henri.

HUBERT   Elle est terrible ! *(À Inès :)* Tu es terrible !

HENRI   Maintenant je vais devoir reprendre mon travail pour inclure le sien. Je vais devoir le citer, je vais devoir le citer et qui risque d'être mon rapporteur ? Lui.

HUBERT   Et alors ? Dans six mois vous me direz, c'est le meilleur rapporteur que j'ai jamais eu. Vous êtes au bout du rouleau mon vieux, pour dramatiser comme ça.

INÈS, *à Hubert*   Mais toi quel besoin avais-tu de lui parler de cet article !

HENRI   Heureusement ! Heureusement qu'il m'en a parlé ! Merci, Hubert. Merci sincèrement.

SONIA   Merci de quoi ? D'avoir ruiné ton week-end ?

HENRI   Merci de m'éclairer. Merci de m'éviter de passer pour un guignol lundi matin au bureau. À l'heure qu'il est, Raoul Arestegui qui vit devant son écran, a déjà passé dix coups de fil.

HUBERT   Honnêtement, j'ai pensé qu'il fallait vous le dire mais je ne prévoyais pas ce saut dans l'irrationnel.

SONIA   Vous auriez pu lui dire autrement.

HUBERT   Ah bon ?

Hubert pioche dans un paquet de pistaches… vide.

HENRI, *empressé*   Il n'y en a plus ? Sonia, tu peux rapporter des petits salés, vous voulez encore du salé, du salé ou du sucré ? Qu'est-ce qu'il nous reste, ma chérie ?

HUBERT   Non, non, ne vous dérangez pas...

SONIA   Vous auriez pu l'en avertir avec d'autres mots, avec des mots qui laissent flotter un parfum de flou et d'inimportance.

HUBERT   Nous sommes dans le domaine des sciences, ma petite Sonia. Les mots n'ont pas la vertu d'aromatiser l'atmosphère. Hélas.

Il s'amuse de son trait et englobe Henri qui rit faiblement.

SONIA   Dans quelque domaine que vous vous placiez, ils ont eu la vertu de plonger mon mari dans le désarroi.

HUBERT   Ce sont les faits qui plongent Henri dans le désarroi. Un désarroi, parfaitement disproportionné !

SONIA   Les faits présentés par vous. En vue de son désarroi.

HENRI   Tu es folle. Enfin, Sonia, c'est ridicule.

HUBERT, *conservant un principe de jovialité*   Je n'aimerais pas l'avoir comme adversaire dans un prétoire !

SONIA   Je n'y suis plus depuis des années, je travaille pour un groupe financier.

HUBERT   Mais vous savez toujours manier les mots qui... comment déjà ?...

HENRI   Sonia, nos amis ont encore faim.

SONIA   Vous voulez des Apéricubes ?

INÈS   Non merci.

HUBERT   Ah des Apéricubes, oui j'aime bien les Apéricubes.

Sonia sort.

HENRI   Un petit alcool ?

HUBERT   Merci, je reste au sancerre.

INÈS   C'est important que les halos soient plats ?

HUBERT   Logique féminine ! Elle me reproche d'avoir parlé et elle remet le sujet sur le tapis. *(Sonia est revenue.)* Apéricubes au bacon ! Mes préférés !

INÈS   C'est important ?

HENRI   Quand vous regardez la Voie lactée, ça fait comme une ligne ?...

INÈS   Oui.

L'ENFANT   Maman !

SONIA   Dodo, Arnaud !

HENRI   … Eh bien moi, j'ai de sérieuses raisons de penser que la distribution de matière invisible qui l'entoure est quasiment aussi plate que la matière visible.

L'ENFANT   Maman ! J'ai soif !

HENRI   Il a soif.

INÈS   Et qu'est-ce que ça change ?

HENRI   Tout. Jusqu'à aujourd'hui le halo était rond. Il était sphérique ! *(À Sonia :)* Tu ne vas pas lui apporter un petit verre d'eau ?

SONIA   Non.

INÈS   Et qu'est-ce que ça change que le halo ne soit plus rond ?

HENRI   Dans notre vie de tous les jours, rien.

HUBERT   Tu l'embêtes Inès avec ces questions ineptes !

L'ENFANT   Maman !

HENRI   On modifie une donnée de la réalité. On contribue à l'encyclopédie de l'humanité. Sonia, chérie, apporte-lui à boire, il ne va pas monopoliser la soirée !

INÈS   Quel âge a-t-il ?

SONIA   Six ans.

INÈS   Il ne sait pas se servir à boire tout seul ?

SONIA   Non.

HENRI   Mais si, il sait très bien, seulement nous ne voulons pas qu'il sorte de son lit.

SONIA   Il est incapable de se servir tout seul à boire.

HENRI   Il en est tout à fait capable mais il n'a pas le droit de sortir du lit.

SONIA   Arnaud ne sait pas se servir à boire tout seul.

HENRI   Bien sûr que si !

INÈS   À six ans, on sait se servir à boire tout seul.

SONIA   Pas notre fils.

HENRI   Arnaud sait parfaitement se servir à boire tout seul, enfin Sonia !

HUBERT   À mon avis il sait le faire mais il préfère se faire servir.

HENRI   Voilà !

HUBERT   C'est un pacha ce petit ! *(Sonia sort.)* Je l'ai vexée ?

HENRI   Mais non.

INÈS   Vous avez tort de céder à tous ses caprices.

HUBERT   De quoi je me mêle, Inès.

INÈS   Comment de quoi je me mêle ! Qui vient de dire c'est un pacha ?

HUBERT   Je dis c'est un pacha en plaisantant. Je ne donne pas de leçons.

HENRI   Deux ans de travail foutus en l'air.

HUBERT   Henri, par pitié !

HENRI   Trois ans sans publier, même en dernier auteur, en Amérique on expédie ces gens-là dans l'enseignement.

Sonia revient et se dirige vers le plateau ; elle cherche quelque chose.

SONIA   Il n'y a plus d'Apéricubes ?

HENRI   Pour qui, pour le petit ?

SONIA   Le petit a eu son verre d'eau et il accepte de ne plus nous emmerder si on lui donne une soucoupe d'Apéricubes.

HUBERT, *cherchant*   Ne me dites pas que j'ai fini les Apéricubes !

HENRI, *trouvant*   Il y en a un ! Il en reste un.

HUBERT   Deux !

HENRI   Deux Apéricubes, ça suffit, non ?

Sonia repart avec les Apéricubes.

INÈS, *à Henri*   Vous pensiez être le seul à avoir cette idée ?

HUBERT   Quelle idée, chérie ?

INÈS   Hubert, s'il te plaît, cesse de contrôler ma conversation !

HUBERT   Je ne contrôle pas ta conversation ma chérie, je n'avais pas compris ta question…

INÈS   Tu l'avais parfaitement comprise et elle ne s'adressait pas à toi, et tu l'avais parfaitement comprise, et ce petit ton d'ironie permanent appliqué à tout ce que je dis comme si j'étais une débile est insupportable.

L'enfant pleure.

HUBERT   Tu fais pleurer l'enfant.

HENRI   Qu'est-ce qu'il a, Sonia, merde !

HUBERT   Calmez-vous, calmons-nous, tout ça prend des proportions.

SONIA, *revenant*   Deux Apéricubes ne suffisaient pas, il a eu une fessée, je ne veux plus en entendre parler.

HENRI   Tu as fermé les portes ?

SONIA   Oui.

Un léger temps.

HUBERT   Vous êtes ici depuis longtemps ?

SONIA   Un an et demi.

HUBERT   Et avant ?

SONIA   Dans le quatorzième.

HUBERT   C'est mieux ici. C'est plus tranquille.

SONIA   Oui.

HUBERT   Et vous n'exercez plus comme avocate ?

SONIA   Non.

HUBERT   Henri m'avait dit que vous étiez avocate, je croyais que vous exerciez comme avocate.

SONIA   J'ai une formation d'avocate.

HUBERT   C'est ça.

HENRI   Une femme brillante et un raté.

HUBERT   Nous ne relevons pas.

SONIA   Et vous, Inès, que faites-vous ?

INÈS   Rien. C'est-à-dire plein de choses, je n'ai jamais été aussi occupée que depuis que j'ai cessé de travailler.

HUBERT   C'est pourquoi je ne lui demande jamais rien. Ne demande jamais un service à quelqu'un qui ne fait rien. Il n'aura pas le temps de te le rendre.

Il s'amuse lui-même de son trait.

INÈS   Mon mari ne sait se divertir qu'à mes dépens. Je me demande ce qu'il deviendrait en société sans moi. *(À Henri :)* Vous n'avez pas répondu à ma question.

HENRI   Qui était ?

HUBERT   Le plasma intergalactique est-il multiphasé ?

Il rit de très bon cœur de son espièglerie.

Sonia rit malgré elle.
Henri rit à la traîne.
Inès est de marbre.

HENRI, *alors que l'hilarité des deux autres ne s'éteint pas*   Vous me demandiez si mon sujet avait été envisagé par d'autres.

INÈS   Merci Henri.

HENRI   Je pensais être le premier à m'être attaqué à sa résolution. Même si la question était d'actualité.

INÈS   Vous m'avez dit que votre découverte ne servait à rien aujourd'hui.

HUBERT   D'actualité ça veut dire dans l'air mon trésor, dans l'esprit du temps. Oh, tenez, il reste encore un Apéricube !

SONIA   Mangez-le.

HUBERT   Vous plaisantez, je suis déjà assez mal avec l'enfant. Cela dit, quand on commencera à se promener dans les galaxies, dans mille ans, on tiendra compte des calculs d'Henri.

HENRI   Ou de mon concurrent.

L'ENFANT, *d'une voix hurlante et déchirée*   Papaaa ! Papaaaa !…

HENRI   Ah non, ça suffit maintenant, je vais l'assommer ! Excusez-moi deux minutes…

Il va pour sortir.

SONIA   Je viens avec toi.

HUBERT   Donnez-lui l'Apéricube, donnez-lui l'Apéricube ! *(Absurdement, Henri revient sur ses pas pour prendre l'Apéricube. Ils sortent. Inès et Hubert restent seuls. À voix basse.)* Ils sont cinglés.

INÈS   Lui surtout.

HUBERT   Et l'enfant est effrayant.

INÈS   Il n'a aucun repère, ils lui donnent du fromage à dix heures du soir.

HUBERT   Et nous on a bouffé de la merde.

INÈS   Pourquoi tu me rabaisses devant les gens ? Je voudrais comprendre ce besoin pathologique que tu as de me rabaisser constamment devant les gens.

HUBERT   Je ne te rabaisse pas, je plaisante.

INÈS   « Demandez à Inès de vous décrire un halo », tu trouves ça désopilant ?

HUBERT   J'ai essayé de détendre l'atmosphère, tu as vu dans quel état il s'est mis.

INÈS   Grâce à qui ?

HUBERT   Inès, je ne supporte plus cette litanie…

INÈS   Chut !…

HUBERT, *reprend à voix feutrée et de ce fait encore plus exaspéré*   ... cette litanie de remontrances à chaque fois que nous allons quelque part...

INÈS   Tu avais besoin de lui parler de cet article ?

HUBERT   Tu hurles, toi aussi.

INÈS   Il est très dépressif ce garçon.

HUBERT   On le serait à moins.

INÈS   Ah bon ?

HUBERT   Dans un système concurrentiel, ce qui compte ce n'est pas d'avoir les bonnes idées, c'est de gagner au jeu. Déjà il peut dire adieu à sa promotion.

HENRI, *off*   Encore un mot, encore un appel et je mettrai ma menace à exécution !

INÈS   Comment peux-tu être aussi froid !

HUBERT   Je ne suis pas froid, il est maudit. Il y a des gens qui sont maudits, c'est triste mais on n'y peut rien. Tu sais que c'est vraiment impossible ce bas filé, ça me gêne depuis le début de la soirée.

INÈS, *elle le frappe d'un coup désespéré*   Qui m'a obligée à monter ! Je savais que c'était affreux...

SONIA, *revenant*   Qui est maudit ? Mon mari ?

HUBERT   Henri ? Maudit ? Vous voulez rire ! Il n'y a que lui pour se croire maudit ! Nous parlions d'un ami, Serge Bloch, qui après avoir été inondé...

INÈS, *l'interrompant*   Nous parlions d'Henri.

HUBERT, *jovial*   Il y a un vrai vent de folie ce soir dans cette maison ! Elle me hait parce que je viens de lui faire remarquer son bas filé.

INÈS, *très vivement*   Tu ne viens pas de me le faire remarquer, ce collant était filé dans la rue et je ne voulais pas me présenter devant tes amis en romanichelle, j'étais très gênée d'arriver comme ça chez vous, je m'apprêtais à m'excuser et à vous emprunter une paire de collants mais comme vous étiez vous-mêmes gênés de nous voir arriver la veille pour le lendemain j'ai opté pour faire comme si de rien n'était, une attitude aristocratique qui m'a coûté car vous ne le savez naturellement pas mais je suis une femme plutôt maniaque et mon mari au lieu de me soutenir dans cette voie, au lieu de prendre soin de ma dignité, ne trouve rien de mieux à faire que de m'agresser en pleine conversation, de me dire que ce collant filé est impossible et que je lui gâche sa soirée...

HUBERT   J'ai peur qu'Inès n'ait un peu abusé du sancerre !

INÈS   Ne t'abaisse pas à me faire passer pour une poivrote Hubert, contente-toi de tes gausseries habituelles…

SONIA   Je n'ai que des collants noirs, je n'ai plus aucun collant chair, je ne sais pas si ça irait…

INÈS   Tout va très bien. Ne vous inquiétez pas pour moi, d'ailleurs je suis heureuse de rester avec une tenue qui gâche la soirée de mon mari…

HENRI, *revenant*   Au moindre appel, à la moindre manifestation, je fais disparaître la minicassette !

HUBERT   Bravo !

HENRI   Cette soirée est un peu décousue, non ? Je suis désolé.

SONIA, *à Inès*   Vous savez, ça n'a aucune importance, pour vous dire la vérité j'ai failli vous recevoir en robe de chambre, Henri m'a suppliée de m'habiller, je ne pouvais pas recevoir les Finidori en robe de chambre !

HUBERT   Henri, quel formalisme !

SONIA   Avec vous seulement, mon mari se fout des formes en temps ordinaire, sauf avec vous. Avec Hubert Finidori mon mari adopte un ton finidorien, se voûte et veut qu'on s'habille.

HENRI   Qu'est-ce que ça veut dire, je me voûte, qu'est-ce que ça veut dire un ton finidorien, qu'est-ce que c'est que ce discours ? Qu'est-ce que c'est que ce discours, Sonia ?

HUBERT   Et que me vaut ce traitement de faveur ? Je feins, notez, de ne pas saisir le fiel qu'il y a dans tout ça.

SONIA   Ce traitement de faveur parce que mon mari s'imagine que vous pouvez le faire passer en rang A.

HUBERT   En rang A ! Elle s'y connaît, dites donc, elle a même le jargon !

INÈS   Hubert !

HENRI   Sonia, je suis consterné !

HUBERT   Henri est C.R. à l'I.A.P. et moi directeur de labo à Meudon, en quoi suis-je chargé de son recrutement ?

SONIA   Vous faites partie d'un comité national, vous pouvez statuer sur la promotion des gens qui ne sont pas de votre labo.

HENRI   Hubert, je ne sais pas quelle mouche l'a piquée, tout ça est absurde, je suis navré.

SONIA   Un exemple du ton finidorien.

HENRI   Sonia !

SONIA   Il est clair que vous ne ferez jamais rien pour mon mari, vous prenez plaisir à le voir s'affaiblir, vous l'avez averti de cet article concurrent à seule fin de le voir perdre pied et de vous dégager de toute responsabilité au cas où il s'autoriserait, en rampant, à vous demander un service. Votre perversité me dégoûte et je méprise votre minable pouvoir de couloirs.

INÈS   Mon mari a publié dans *Nature*, je ne vois pas en quoi son pouvoir est minable.

HUBERT   Inès, Inès, je n'ai pas besoin de toi trésor.

HENRI   Hubert est l'un des plus grands experts mondiaux en cosmologie, il n'y a pas un article sur les amas de galaxies qui ne le cite, qu'est-ce que tu connais Sonia ! De quoi tu parles !

SONIA   Il vient de dire que tu es maudit.

HUBERT   Elle est terrible ! Je comprends que vous soyez légèrement déphasé mon vieux !

HENRI   Quoi maudit ? Je suis maudit ?

SONIA   C'est ce qu'il vient de dire. Que tu es maudit et qu'on ne peut rien pour toi.

HENRI   À qui ? À toi ?

SONIA   À elle.

INÈS   Hubert parlait de Serge Bloch, tu parlais de Serge Bloch Hubert ?...

HENRI   Qu'est-ce que Serge Bloch a à voir là-dedans ?

INÈS   Il a d'abord été inondé...

HUBERT, *la coupant*   Ne tombons pas dans le ridicule Inès, please ! D'abord Sonia laissez-moi vous dire que vous auriez mieux fait de nous recevoir en robe de chambre. D'une part cela aurait parachevé l'incongruité de cette situation mais surtout cela vous aurait humanisée. Il y a chez vous une sécheresse et une gravité qui contrastent avec l'impression de jolie femme espiègle que vous suggérez dans les premières minutes.

HENRI   Tout à fait d'accord !

SONIA   J'aurais mieux fait de les recevoir en robe de chambre ?

INÈS   Vous auriez mieux fait de ne pas nous recevoir du tout ! C'est la pire soirée que j'ai jamais passée !

Elle fait mine de vouloir partir.

HENRI   Félicitations Sonia ! Félicitations !

HUBERT   Ne lui attribuez pas le naufrage de cette visite, nous y avons tous contribué. Inès, calme-toi mon ange.

INÈS   Ne m'appelle pas mon ange et cesse de faire des mondanités.

HENRI   Hubert, soyez franc, je suis maudit ?

HUBERT   … Vous traversez une mauvaise passe.

HENRI   Donc je suis maudit.

HUBERT   Vous n'êtes pas maudit, vous êtes d'une anxiété anormale, et vous êtes complètement défaitiste Henri, il faudrait peut-être vous faire aider.

HENRI   Vous avez vraiment dit que j'étais maudit ?

HUBERT   Mais non !

HENRI   À votre avis, j'ai encore une chance d'être publié ?

HUBERT   Bien sûr ! Peut-être pas dans *A.P.J.* mais dans *A & A*. Ou dans *M.N.R.A.S*, pourquoi pas ?

INÈS   Que les halos soient plats ou non, vous vous en foutez, ce que vous voulez c'est être publié.

HUBERT   Tout le monde veut être publié trésor, c'est ça la finalité.

HENRI   Si cet article est refusé, je suis un homme fini.

HUBERT   Vous êtes chargé de recherche, vous ne pouvez pas perdre votre poste.

HENRI   Un raté indélogeable, ce qu'il y a de pire.

SONIA   Quand j'ai épousé Henri, je pensais – avec une bêtise ! – qu'il y avait une finalité supérieure à vivre parmi les étoiles et que cela conférait une certaine hauteur de vue.

HUBERT   Ma chère, rien n'élève ni ne transcende. L'homme, seul, décide de ce qu'il est.

SONIA   Épatant !

INÈS   Pourquoi vous en voulez tellement à mon mari ?

SONIA   Je n'en veux pas à votre mari, j'en veux au mien.

HENRI   On peut savoir pourquoi ?

SONIA   Mon mari se traîne devant le vôtre. Aucune femme normale ne peut supporter ça. D'autant qu'il se traîne pour rien.

HENRI   Je ne me traîne absolument pas ! Je me traîne Hubert ?

INÈS   Allons-y Hubert, c'est effrayant.

HENRI   Hubert, je me traîne ?

SONIA   Tu te traînes.

HUBERT   Nous sommes tous éméchés...

SONIA   N'essayez pas d'aplanir, il se traîne devant vous, vous y prenez un malin plaisir, ce que je comprends.

INÈS   Comment pouvez-vous humilier votre mari de cette manière ?

HUBERT   Inès, cesse de te mêler !

INÈS   Je me mêle de ce que je veux, merde !

On entend brutalement une chanson – volume maximum – en provenance de la chambre d'enfant.

HENRI   Qu'est-ce que c'est ?

SONIA   *Rox et Rouky.* Tu lui as mis *Rox et Rouky.*

Elle file vers la chambre.

INÈS   Vous lui avez mis la télé ?

HENRI   Pas la télé, une minicassette, il a le droit d'écouter une minicassette le soir dans son lit.

HUBERT   Et si ses parents voulaient qu'il regarde la télé, il regarderait la télé !

INÈS   Je n'ai pas dit qu'il ne pouvait pas regarder la télé !

HUBERT   Si. Tu ne le dis pas mais tu le penses. Tu as une propension à réglementer même ce qui ne te concerne pas.

INÈS   J'ai dit qu'il ne pouvait pas regarder la télé ?

HENRI   Il ne regarde pas la télé ! Il écoute une petite minicassette dans le noir !

SONIA, *revenant ; la musique ne s'entend plus*   Il dit qu'on l'empêche de dormir.

INÈS   Il a raison, on l'empêche de dormir, allons-y Hubert.

HENRI   Avant de vous laisser partir, je veux savoir Hubert si vous considérez que je me traîne ?

HUBERT   Vous l'empêchez de dormir, Henri.

HENRI, *baissant la voix*   Je me traîne ?

HUBERT, *idem*   Un peu.

HENRI   Un peu !

INÈS   Vous l'avez cherché ! Et c'est vrai que vous vous traînez ! Hubert, je n'en peux plus !

HUBERT   Il vous manque une portion d'envergure Henri, je suis désolé. On vous sent filandreux et égaré, vous devriez prendre des leçons chez votre femme, allons-y.

Ils partent.

Henri et Sonia restent seuls.

II

Soir.
Même salon.

Sonia est assise, en robe de chambre. Elle lit un dossier. Henri apparaît.

Douceur du ton.

HENRI   Il veut un gâteau.

SONIA   Il vient de se laver les dents.

HENRI   Bien sûr ! *(Un temps. Elle est à nouveau dans son dossier, lui debout, indécis.)* Un quartier de pomme peut-être ?

SONIA   Quelle est la différence entre un quartier de pomme et un gâteau ?

HENRI   … La pomme est moins sucrée.

SONIA   La pomme est très sucrée. Peut-être plus que le gâteau.

HENRI   Il a souvent faim au lit, tu as remarqué ? Est-ce qu'il ne mange pas trop tôt cet enfant ?

SONIA   Il mange à sept heures et demie, comme un enfant de son âge.

HENRI   Et si on lui lavait les dents après ?

SONIA   Après quoi ?

HENRI   Après le gâteau. Il pourrait manger un gâteau et se laver les dents ensuite.

SONIA   Il n'a qu'à manger un gâteau juste avant de se coucher, c'est-à-dire juste avant de se laver les dents.

HENRI   Oui.

SONIA   Tu as eu tort de lui donner ce gâteau.

HENRI   Je ne lui ai rien donné.

SONIA   Si.

HENRI   La moitié d'un Finger. Point. J'ai été draconien. *(Léger temps.)* Qu'est-ce que je lui dis ?

SONIA   Qu'est-ce que tu lui dis ?

HENRI   Je lui dis pas de pomme ?

SONIA   Tu viens de lui donner un Finger. Il ne va pas avoir le Finger et la pomme.

HENRI   Je lui dis pas de pomme.

SONIA   Tu lui dis pas de pomme, tu lui dis dodo.

HENRI   Dodo. *(Il sort et revient.)* Très gentil. Je lui ai mis *Rox et Rouky*. *(Un temps.)* Qu'est-ce qu'on donne comme entrée ?

SONIA   Pamplemousse ?

HENRI   Un peu minable, non ?

SONIA   Melon-parme ?

HENRI   Avec le navarin ?

SONIA, *désignant son dossier*   Écoute, Henri…

HENRI   Melon-parme. *(Un temps.)* Et si on faisait des artichauts ?

SONIA   Très bien.

HENRI   Artichauts ou melon-parme ?

SONIA   Henri !

HENRI   Ou alors une salade de crabe. Ce qui a beaucoup plus de gueule.

SONIA   Salade de crabe. Parfait.

HENRI   Crabe et navarin ?… Oui. Tu le trouves séduisant Finidori ?

SONIA   Je l'ai vu à peine deux fois dans ma vie.

HENRI Et tu l'as trouvé séduisant ?

SONIA Bellâtre.

HENRI Donc séduisant.

SONIA Non, bellâtre.

HENRI Quand une femme dit bellâtre, ça veut dire séduisant. Ça veut même dire très séduisant.

SONIA, *elle rit* Quelle bêtise ! *(On sonne. À voix basse.)* Qui est-ce ?

HENRI Je vais regarder. *(Il revient aussitôt. Tout ce qui suit, à voix basse :)* Les Finidori !

SONIA C'est demain !

HENRI On est le 17... C'est ce soir.

SONIA C'est une catastrophe.

HENRI Oui.

SONIA Qu'est-ce qu'on fait ?

HENRI On ne peut pas ne pas ouvrir.

SONIA Je vais me changer.

HENRI Tu n'as pas le temps, tu peux très bien rester comme ça.

SONIA Je ne vais pas recevoir les Finidori en robe de chambre !

HENRI   On s'en fout ! Autant qu'ils te voient en robe de chambre, de toute façon ils vont bouffer des chips !

SONIA   Je n'ouvre pas en robe de chambre !

HENRI, *il la retient par la robe de chambre tandis qu'on sonne à nouveau*   Tu n'as pas le temps de te changer, Sonia !

SONIA, *elle tente de se dégager*   Laisse-moi !

HENRI   Comment peux-tu être si égoïste ?

Nouvelle sonnerie.

*

Inès, Hubert, Sonia et Henri dans le salon.
Les deux invités picorent divers mets froids (chips, Babybel, boîte de Fingers, etc.) posés sur le plateau.
Sonia et Henri les accompagnent en buvant.
Sonia s'est changée. Inès a un bas filé.

INÈS   ... Elle est alcoolique et dépressive. Hubert dit que c'est la même chose mais on peut être alcoolique sans être dépressif et les dépressifs ne sont pas tous alcooliques, elle, elle est les deux, elle prend des médicaments contre la dépression et elle boit, elle est arrivée à la maison, Achille Zavatta, fond de teint pas étalé, rouge à lèvres sorti des lèvres, Serge Bloch derrière, souriant comme si tout était normal – sauf qu'ils viennent d'être inondés – elle demande un scotch à peine assise, je regarde Serge, pas de réaction !

Un petit silence.

HUBERT   Qu'est-ce que tu veux dire par là ma chérie ?

INÈS   Je veux montrer à quel point vous êtes peu soucieux de notre dignité.

HENRI   On ne peut pas vivre avec Serge Bloch et ne pas être dépressif.

SONIA   Ils ont été inondés ?

HUBERT   Avant de partir en vacances, l'enfant du dessus a arrosé ses plantations en laissant le robinet ouvert.

INÈS   Francine venait de refaire sa chambre.

SONIA   La pauvre ! Elle manque de chance !

Elle rit de bon cœur.

Tous l'imitent. Sauf Inès.

HUBERT   Et à part ça Henri, où en êtes-vous avec l'aplatissement des halos ? *(Ils croquent les Fingers.)* Pas mauvais, ces petits gâteaux.

HENRI   J'ai fini. Je soumets l'article avant la fin du mois.

HUBERT   Formidable. Cela dit vous devriez vérifier sur Astro PH, il m'a semblé voir une publication voisine acceptée dans *A.P.J.*

HENRI   Récente ?

HUBERT   Ce matin. « *On the flatness of galaxy halos* ».

HENRI   « *On the flatness of galaxy halos* » !

SONIA, *charmante*   Hubert, qu'est-ce qui vous prend, vous n'allez pas démoraliser mon mari ?

HUBERT   À mon avis Sonia, il en faut plus pour démoraliser Henri.

INÈS   C'est quoi votre sujet ?

HENRI   Le même : « *Are the dark matter halos of galaxies flat ?* »

INÈS   Ce qui veut dire ?

HENRI   Les halos de matière noire des galaxies sont-ils plats ?

INÈS   Et ils sont plats ?

HUBERT   Inès, trésor, c'est quoi ces questions, qu'est-ce que tu connais ?

INÈS   Je m'intéresse aux travaux d'Henri.

HUBERT   Elle ne s'est jamais intéressée aux miens. Vous lui faites une sérieuse impression mon vieux !

HENRI   Je suis maudit.

SONIA, *toujours légère*   Henri, je t'en prie !

HUBERT   Les grands mots ! J'ai lu l'abstract en vitesse, il a peut-être abordé les galaxies elliptiques…

HENRI   Il a modélisé ?

HUBERT   Possible.

HENRI   Alors il parle des galaxies spirales !

HUBERT   Il traite peut-être de la matière visible, on ne connaît pas ses conclusions…

HENRI   Je suis maudit ! Je ne publie rien pendant trois ans et un con me pique le sujet au moment où je vais le soumettre. Ça s'appelle maudit !

L'ENFANT   Papa !

SONIA   Il veut que tu lui retournes la cassette.

INÈS   Quel âge a-t-il ?

SONIA   Six ans.

INÈS, *à Henri qui s'apprête à quitter la pièce* Je peux le voir ?

HENRI Venez.

Ils sortent.
Hubert et Sonia restent seuls.

HUBERT J'ai exactement quinze secondes pour vous convaincre de déjeuner avec moi cette semaine.

SONIA C'est plus qu'il n'en faut.

HUBERT Demain ?

SONIA Demain, je ne peux pas.

HUBERT Jeudi ?

SONIA D'accord.

HUBERT Vous viendrez pour lui ou pour moi ?

SONIA Pour lui, bien sûr.

HUBERT Parfait !

SONIA Pourquoi lui avoir parlé de cet article ?

HUBERT Une inspiration. Pour pimenter la soirée.

SONIA   C'est faux ?

HUBERT   Non.

SONIA   C'est grave ?

HUBERT   Ça dépend.

Il attrape sa main et la porte audacieusement à ses lèvres.

SONIA   De quoi ?

HUBERT   De son approche.

SONIA   Je lui dis tout !

HUBERT   Adieu rang A !

SONIA, *elle rit*   Il m'a demandé si je vous trouvais séduisant.

HUBERT   Vous avez dit très ?

SONIA   J'ai dit bellâtre.

HUBERT   Plus subtil, bravo.

SONIA   Vous passez pour séduisant dans votre cercle ?

HUBERT   Il y a peu de concurrence.

SONIA   Vous n'avez pas honte ?

HUBERT   Honte ?

SONIA Chez moi. Votre femme à deux mètres.

HUBERT Je ne mets pas la morale à cet endroit.

SONIA Vous la mettez où ?

HUBERT Jeudi, vous le saurez.

INÈS, *revenant* Il a dit : je ne veux pas qu'elle reste dans ma chambre. J'ai dit, bonsoir Arnaud, il s'est tourné vers son père et a dit : je ne veux pas qu'elle reste dans ma chambre. Ne vous inquiétez pas, j'en ai deux, plus des neveux, je ne me vexe absolument pas.

SONIA Henri l'a grondé, j'espère.

INÈS J'ai soif. Dieu merci, Henri ne l'a pas grondé, il est allé lui peler une pomme.

SONIA Je me bagarre pour qu'il se lave les dents et Henri le gave juste après.

INÈS Tous les hommes font ça.

HUBERT Qu'est-ce que c'est que cette généralité stupide, tous les hommes ! D'où sort ce discours, Inès ? Personnellement, je n'ai jamais gavé qui que ce soit.

INÈS Tu les excites, c'est pire. Il est capable d'entamer une partie de foot au moment où ils vont se mettre au lit.

HUBERT   Une fois j'ai joué au foot, elle va en parler pendant dix ans.

SONIA   Vous jouez au foot ? C'est drôle, je ne vous imaginais pas jouer au foot.

HUBERT   Je ne joue pas au foot, je tape dans un ballon de temps en temps avec mes fils, Inès appelle ça jouer au foot, vous m'imaginiez comment ?

SONIA   Je ne vous imaginais pas. Votre mari est un peu prétentieux, non ?

INÈS   Mon mari aime plaire, devant une jolie femme mon mari fait son dandy et son provocant.

HUBERT   Est-ce que le sancerre te réussit ma chérie ?

HENRI, *revenant*   J'ai trouvé des Apéricubes, j'ai vraiment honte, il y a aussi une boîte de sardines, vous voulez qu'on ouvre des sardines ?

HUBERT   Apéricubes, merveilleux. Je n'aurais peut-être pas dû manger les Fingers avant.

SONIA   Tu lui as donné une pomme ?

HENRI   Je lui ai pelé une petite pomme. Il a faim, il a faim au lit, qu'est-ce que tu veux.

SONIA   Tu lui avais déjà donné un Finger.

HENRI   Un demi-Finger. On ne va pas reprendre cette discussion, Sonia, elle n'a pas d'intérêt pour nos amis.

HUBERT   Ne croyez pas ça, Henri, il n'est pas désagréable de frôler l'intimité des couples.

HENRI   Vous auriez pu tomber sur un échantillon moins ordinaire.

HUBERT   C'est justement ça qui est excitant. L'intimité ordinaire. On ne peut pas toujours tenir son esprit dans les régions hautes.

INÈS   Personnellement, je suis cérébralement plus motivée dans une discussion sur l'opportunité d'un demi-Finger que sur l'aplatissement des galaxies.

HUBERT   Des halos, chérie.

HENRI   Si on pouvait abandonner ce sujet, si on pouvait laisser ce sujet complètement en dehors de la soirée, je serais très heureux.

HUBERT   Vous vous angoissez pour rien, Henri.

HENRI   Je ne m'angoisse pas du tout, vous m'avez informé, amicalement, de l'existence de travaux parallèles, j'ai pris bonne note, la question est close.

SONIA   Hubert, vous avez le devoir de rassurer mon mari. Vous êtes responsable de son désarroi.

HENRI   S'il te plaît, Sonia, cesse de me faire passer pour un type qui se démoralise pour un oui pour un non et qui n'a pas de nerfs, tout va bien, nous venons d'éliminer deux sujets sans avenir, entre la pomme et la matière noire on devrait bien trouver un nouveau point de départ attrayant.

HUBERT   Il y a un mois, je suis parti quelques jours pour un congrès international en Finlande. J'ai côtoyé les meilleures équipes au monde. J'ai assisté à des revues exceptionnelles, j'en ai moi-même donné une qui a eu l'heur d'être significative, j'ai eu les échanges les plus fructueux avec de grands pontes et de quoi je me souviens ? Qu'est-ce qui a marqué mon esprit et jusqu'à mon âme – si je ne craignais pas d'être pompeux ? Une promenade morne et sans joie dans les environs de Turku. J'ai côtoyé les plus grands chercheurs américains, anglais, néerlandais, nous avons eu des échanges remarquables et que reste-t-il ? Une marche monotone le long d'une mer grise.

Un temps.

INÈS   On peut savoir pourquoi tu nous parles de ça tout à coup ?

HUBERT   Un écho à ce que vient de dire Henri. Je pensais à l'importance des choses. À ce qui a de l'intérêt et ce qui n'en a pas. Des heures apparemment vides restent gravées, des mots insignifiants engagent l'être. Henri ?...

SONIA   Henri ?... Hubert s'efforce de nous trouver un sujet attrayant.

HENRI   Très attrayant, oui. Continuez.

HUBERT   J'ai fini.

Un léger temps.

INÈS   Vous habitez là depuis longtemps ?

SONIA   Un an et demi.

INÈS   Et avant ?

SONIA   Dans le quatorzième.

INÈS   C'est mieux ici. C'est plus tranquille.

HENRI   Ça n'est absolument pas tranquille, on construit un parking rue Langelot.

INÈS   À un moment donné ce sera fini.

HENRI   Dans deux ans.

SONIA, *elle rit*   Dans un mois !

INÈS   Je peux fumer ?

HENRI   Si vous pouvez vous en empêcher ce serait mieux.

SONIA   Quelle mouche te pique, tu plaisantes ! Fumez Inès, bien sûr !

HUBERT   Personne ne fume, pourquoi veux-tu fumer !

SONIA   Elle peut tout à fait fumer, Henri dis-lui qu'elle peut fumer !

HUBERT   Nous sommes chez Henri, la cigarette indispose Henri, Inès n'a aucune raison de fumer. D'autant que fumer n'est pas une nécessité pour une femme.

INÈS   Je ne fume pas.

SONIA   Inès, je vous demande de fumer.

INÈS   Je n'ai plus envie de fumer.

SONIA   Tu comptes te montrer atrabilaire et grossier toute la soirée Henri ?

HENRI   Fumez, je m'en fous.

HUBERT   Henri, je ne veux pas retourner le fer dans la plaie, mais admettez que quelque chose s'est déréglé ce soir.

On entend faiblement une chanson en provenance de la chambre de l'enfant.

INÈS   *Rox et Rouky* !

HENRI   Vous m'avez foutu le cafard avec votre promenade en Finlande.

INÈS   Les enfants l'ont aussi.

HUBERT   Ah bon ? Le cafard, pourquoi ?

HENRI   Au point où j'en suis Hubert – aussi risible que cela paraisse – une invitation à Turku est une fin en soi. Un type pour qui le congrès est une fin en soi a du mal à inclure la balade existentielle sur la Baltique. C'est normal qu'il écoute encore une cassette à cette heure-ci ?

SONIA   Tu viens toi-même de la lui retourner !

INÈS   Il ne sait pas retourner sa cassette tout seul ?

SONIA   Il a la flemme de se redresser.

INÈS   C'est vrai ?

HUBERT   « *Luminous and dark matter in spiral galaxies* », le thème du congrès. Pourquoi ne pas vous y être inscrit ?

HENRI   Pour présenter un *poster* ? Et passer vingt-quatre heures debout à côté, comme Serge Bloch à Édimbourg ?

HUBERT   On connaît vos travaux sur la dynamique des galaxies, vous n'auriez pas eu de mal à vous faire inviter, Henri. Les dynamiciens étaient les bienvenus à Turku.

HENRI   Quittez ce ton de condescendance. S'il vous plaît. N'essayez pas de me repêcher à tout moment. Je me fous de Turku.

HUBERT   Vous venez de dire le contraire.

HENRI   Je me fous de Turku.

SONIA   Arrête Henri, c'est puéril. Et gênant.

HENRI   Je me fous de Turku.

SONIA   Bon, il se fout de Turku, je reprendrais bien un peu de sancerre.

HUBERT   Vous ne vous foutez pas de Turku, ni de votre article, ni de votre promotion, vous trouvez malin – Dieu sait pourquoi – de vous flinguer par orgueil.

HENRI   J'ai plaisir à me flinguer devant vous, je le reconnais. Il y a encore une heure, j'étais parti pour me traîner à vos pieds, j'éprouve l'ivresse de la conversion.

SONIA   Tu as trop bu Henri. Tu es ivre mort.

HENRI   Quoi ? Tu devrais te réjouir, ma chérie. Adieu ton finidorien. Adieu cou rentré et épaules comprimées, adieu rire servile...

INÈS   C'est quoi ton finidorien ?

HENRI   Un ton que j'adoptais quand je croyais qu'Hubert Finidori pouvait statuer sur mon avenir, avant qu'il n'arrive chez moi avec un jour d'avance et qu'il s'empresse – qu'il s'empresse ! – de me livrer une information de nature troublante, de la manière la plus floue donc la plus troublante, avant que devant mon trouble il ne recule de trois petits pas afin de me rappeler à la raison et me vante, pour conclure et me laminer, l'inutilité de la réussite, la vacuité et le néant.

INÈS   Si nous sommes venus avec un jour d'avance, c'est entièrement de ma faute, Henri. J'ai écrit sur une feuille volante mercredi 17 or le 17 est un jeudi, d'habitude le jeudi j'ai mon cours de...

HUBERT   On s'en fout, on s'en fout, ça n'a pas d'importance, Inès. Vous êtes un véritable artiste, Henri, vous faites et défaites le monde selon vos humeurs. Vous m'avez hissé au rang de protecteur, je l'ignorais. J'ignorais que vous m'aviez infligé ce standing. L'aurais-je su que je me serais employé à vous signifier mon impuissance. Je n'avais pas noté, voyez-vous, le rire servile, et je percevais, quel idiot, une nuance amicale là où il y avait ton finidorien. Je suis désolé de votre acrimonie et je suis désolé de m'en sentir irresponsable car j'ignorais qui j'étais pour vous.

INÈS   Tu n'ignorais rien Hubert et j'en ai assez d'être mortifiée dès que j'ouvre la bouche. Mon mari m'a dit tout à l'heure dans la rue qu'Henri avait besoin de son appui pour passer directeur de recherches.

HUBERT   Je n'ai pas dit, mon chéri, qu'Henri avait besoin de mon appui, j'ai dit, mais tu étais préoccupée par ton bas filé (qui s'aggrave d'ailleurs), j'ai dit, dans un esprit de sympathie, que je pourrais peut-être, si Henri publiait dans l'année, donner un coup de pouce à sa promotion. Je l'ai dit sans me douter que cette tâche m'était assignée et je l'ai dit comme un homme qui parle à sa femme dans le secret d'une intimité confiante.

SONIA   Votre culot est désarmant. Est-ce un compartiment de votre séduction ?

HENRI   De votre séduction Hubert ! Qu'en dites-vous ?

INÈS   Tu as dit qu'Henri avait besoin de ton appui. Et tu as ajouté que lui et sa femme seraient courbés en deux.

HUBERT   J'avais tort ! Ils ne sont pas du tout courbés en deux, tu vois.

HENRI   Je ne suis pas courbé parce que j'ai la passion de décevoir, quant à ma femme je doute qu'elle se courbe jamais pour m'avantager. Il n'y a plus de Fingers, vous avez croqué le paquet entier ?

SONIA   Arrête de boire, Henri.

HENRI   J'aime beaucoup votre cravate Hubert, c'est une chose que j'ai notée tout de suite quand vous êtes arrivé, la qualité de la cravate et le désassortiment avec la pochette, c'est remarquable une audace pareille, sans parler de la cravate en elle-même qui est rare dans notre branche où le débraillé est d'usage comme le tutoiement, vous Hubert vous êtes d'une autre trempe, allure, distance, vouvoiement, spleen en mer du Nord... Être si peu de chose dans l'univers et vouloir faire sonner sa note, sa note infinitésimale au clocher des temps...

INÈS   Eh bien moi figurez-vous – j'ai bu autant que vous Henri donc je me lance – je ne crois pas du tout, quitte à faire rire, mais de toute façon mon mari pouffe ou soupire dès que j'ouvre la bouche – notre couple va à vau-l'eau, autant l'admettre – je ne crois pas du tout que l'homme est peu de chose dans l'univers.

Que serait l'univers sans nous ? Un endroit d'un morne, d'un noir, sans un gramme de poésie. C'est nous qui l'avons nommé, c'est nous, les hommes, qui avons mis dans ce dédale, des trous, des lumières mortes, l'infini, l'éternité, des choses que personne ne voit, c'est nous qui l'avons rendu vertigineux. Nous ne sommes pas peu de chose, notre temps est insignifiant mais nous nous ne sommes pas peu de chose...

Léger silence.

SONIA Vous avez dit que nous serions courbés en deux ? Je suis navrée de revenir à des choses si terre à terre quand Inès a courageusement tenté d'élever le débat.

HUBERT Courbé en deux ? Est-ce que la formule est dans mon champ lexical ?

INÈS Tu as dit courbé en deux.

HUBERT J'ai dit *courbé en deux*, Inès ? Que signifie courbé en deux ? Servile ou tout simplement courtois, bien élevé ? Inès me poignarde, pour des motifs obscurs, elle lance dans les airs une tournure hors contexte, sous son mode le plus sec et le plus humiliant et moi je dois répondre de cela ? Allons-nous mes amis, choir dans le pitoyable ?

SONIA Abandonnez ce ton boursouflé,

Hubert, il n'amuse que vous. Vous avez dit que nous serions courbés en deux, dans la formule, voyez-vous, c'est le *nous* qui est particulièrement malencontreux. Qu'on envisage son obligé courbé, je le conçois, c'est même ce qui fait le charme de l'obligé, mais inclure sa femme dans cette logique de prosternation est une erreur. Je vous trouvais un certain piquant, je dois l'avouer, et je n'attendais pas, venant de vous, une vulgarité de cette nature.

HENRI   Toi aussi quitte ce ton Sonia ! Qu'est-ce que c'est que ces minauderies ? Le charme de l'obligé ? L'obligé peut te clouer la gueule si tu continues !

HUBERT   Vous déraillez Henri !

INÈS   Il ne déraille pas.

SONIA   Qu'est-ce qui vous prend Inès ?

INÈS   Je vous ai vus tout à l'heure.

SONIA   Vu qui ?

INÈS   Vous deux.

SONIA   Vu quoi ?

INÈS   Vous le savez mieux que moi.

HUBERT   Inès, redescends sur terre mon ange. Inès ne peut pas boire plus d'un verre, après quoi elle ne s'oriente plus dans l'espace connu.

SONIA   Vu quoi ? Dites-le.

INÈS   Vous êtes trop forte pour moi Sonia, je suis vite désarçonnée... *(Elle tend son verre à Henri qui la sert et vide son propre verre.)* Merci Henri.

HUBERT   Je vais la ramener.

INÈS   Ça va être horrible dans la voiture, vous savez, Henri, là il se tient, il fait son gentleman, mais dans la voiture ça va être un cauchemar, vous pouvez m'appeler un taxi ?...

HENRI   Vu quoi, Sonia ? Qu'est-ce qu'elle a vu ?

SONIA   Qu'est-ce qu'elle a vu ? Je ne sais pas ! Elle ne veut pas le dire !

HUBERT   Elle n'a rien vu, elle a un peu trop bu et elle va rentrer gentiment se coucher...

INÈS, *à Henri*   Ils se ressemblent, ils ont le même cynisme et le même aplomb. Nous ne pouvons pas rivaliser avec des gens comme eux.

HENRI   Ne m'associez pas à vous ! Ne faites pas la moindre tentative pour nous mettre dans le même sac ! Nous sommes dans des mondes antagoniques !

INÈS   C'est ce que vous croyez...

HUBERT   Allons-y.

HENRI   Foutez le camp. Ramenez votre bonniche. Foutez le camp.

INÈS   Parfait, Henri ! Donnez-moi tous les noms du monde, j'ai franchi les seuils de l'ivresse, j'ai l'air d'une romanichelle, mon mari est une canaille, la soirée sera historique pour moi...

HUBERT   Allons-y.

INÈS   Oui, allons-y, mon ange, achève-moi dans l'Audi, nous avons une Audi neuve, Hubert l'a garée en épi à un kilomètre pour éviter un accroc...

HUBERT   Tu ressembles à Francine Bloch Inès, tu ne vas pas nous faire ta Francine Bloch mon chéri !

INÈS   Je suis inhumiliable, tu peux continuer...

HENRI   Pas de pleurnicheries ! Pour l'amour du ciel ! Vous n'allez pas nous sentimentaliser les choses avec des geignements de petite-bourgeoise. Inhumiliable ! J'apprécie le mot remarquez, voilà un mot pour moi, un stade de premier ordre, inhumiliable, foutez le camp.

HUBERT   Allons-y. *(Il entraîne Inès.)* À bientôt, Sonia.

SONIA   Au revoir.

HUBERT   À jeudi ?

SONIA   Sûrement pas.

Il lui sourit.

Hubert et Inès sortent.

Henri et Sonia restent seuls.

III

Soir.
Les quatre mêmes (les Finidori sont arrivés).
Même situation.
Sonia est en robe de chambre. Inès n'a pas de bas filé.

Enjouement.

HUBERT   Que serait la théorie de tout ? Une théorie unifiée des forces fondamentales. Or quand bien même on concevrait une théorie de toutes les interactions fondamentales, d'abord on serait loin d'une théorie de tout, il ne suffit pas d'examiner toutes les cellules d'un éléphant pour connaître sa réalité zoologique, Poincaré, mais il faudrait éliminer le paradoxe cosmologique ! Comment saisir le monde *tel qu'il est* ? Comment abolir l'écart entre réel et représentation, l'écart entre objet et mot, comment ça s'appelle ça, Fingers, excellent, comment, en gros, penser le monde sans être là pour le penser ?

HENRI   Paradoxe d'autant plus tragique que l'objectivisation totale est la grande visée de l'entreprise scientifique.

HUBERT   Après la religion et la philosophie, la science court après l'unité. Vaine poursuite ou terre promise ?

HENRI   Qui peut le dire ?

SONIA   Quel est l'intérêt d'une théorie unificatrice ?

HUBERT   Bonne question. Très bonne question, je ne crois pas qu'il faille parler en terme d'intérêt mais de manque. Nous vivons dans le regret d'un monde sans séparation, dans la nostalgie d'une totalité perdue, nostalgie accentuée par la fragmentation du monde opérée par la modernité.

HENRI   Juste.

On entend faiblement une chanson en provenance de la chambre de l'enfant.

INÈS   *Rox et Rouky* !

HENRI   Comment ça se fait qu'il ne dorme pas ?

SONIA   Il ne dort pas. On ne peut pas l'obliger à dormir. Il a éteint, il écoute sa cassette.

INÈS   Il est adorable. Très indépendant.

SONIA   Oui, très indépendant.

INÈS   Vous avez de la chance, les nôtres sont capables d'apparaître quatorze fois dans la soirée.

HENRI   Arnaud est complètement autonome. Trop même. Je serais d'avis de lui faire éteindre sa cassette Sonitchka, non ?

SONIA, *se levant, à Inès*   Vous voulez le voir ?

INÈS   Avec plaisir !

Elles sortent.
Hubert et Henri restent seuls.

HUBERT   Alors, l'aplatissement des halos ?

HENRI   Fini. Je soumets l'article avant la fin du mois.

HUBERT   Parfait. Ceci dit, vous devriez vérifier sur Astro PH, il m'a semblé voir une publication voisine acceptée dans *A.P.J.*

HENRI   « *On the flatness of galaxy dark halos* », exact, Raoul Arestegui, un collègue, m'a appelé pour me le signaler, j'ai laissé mon portable au bureau.

HUBERT   Pas loin de votre sujet, non ? Un drame ces gâteaux, enlevez-les-moi.

HENRI   Allez-y, je vous en prie, j'ai honte de cette manière de recevoir, tout à fait mon sujet, apparemment c'est le sujet en vogue, une équipe mexicaine.

HUBERT   Les Mexicains s'y mettent, on dirait !

HENRI   On dirait !

HUBERT   Embêtant ?

HENRI   J'espère pas. Je ne sais pas quelle est leur approche ni leur conclusion, Raoul doit me rappeler. Il y a de bonnes chances pour que nous soyons complémentaires.

HUBERT   Oui, oui, oui. Bien sûr.

HENRI   Faisons confiance à la diversité des cerveaux humains.

HUBERT   Bravo.

HENRI   Je vais devoir inclure leurs résultats dans mon article. C'est presque un avantage.

HUBERT   Certainement ! Je vous trouve très en forme Henri.

HENRI   Fatigué mais en forme, oui.

HUBERT   Agréable ce quartier.

HENRI   Très.

Apparaît Sonia.

SONIA   Il veut que tu viennes…

HENRI   J'aimerais mieux qu'il dorme.

SONIA   Il montre à Inès son aéroport et il dit que tu ne l'as pas vu.

HENRI   Vous m'excusez deux minutes Hubert.

Il sort.
Hubert et Sonia restent seuls.

Aussitôt Hubert se jette sur Sonia et tente de l'attirer à lui.

HUBERT   Dans ce déshabillé, pas maquillée, chez vous, au milieu de vos objets, si vous aviez voulu m'anéantir il ne fallait pas en montrer davantage…

SONIA, *elle rit et tente de lui échapper – mollement*   Vous êtes dingue…

HUBERT, *en la poursuivant*   Vous êtes adorable Sonia, vous êtes blessante, vous êtes désarmante… je n'ai pas couru, j'ai volé, j'ai fait sauter un jour du calendrier, j'ai déréglé le temps pour vous retrouver…

SONIA   Vous m'avez vue deux fois dans votre vie… vous êtes ivre…

HUBERT   Et alors ? Une fois aurait suffi… *(Il tente de l'embrasser, il rate, elle rit, s'enfuit, il attrape sa main, il joue.)*… Vous connaissez la Baltique ?… il y a un mois j'ai marché au nord de Turku, dans un pays froid et désolé, et je pensais à une femme aperçue chez les malheureux Bloch… *(Elle parvient à s'échapper, il la rattrape.)*… je marchais le long d'une mer sombre, le long de maisons basses et sans fenêtres, et je ne cessais de penser à elle… quelle chance a Henri, Henri est grandiose, des Mexicains ont traité son sujet, il fait celui qui s'en fout, si on refuse son article, je ne pourrai rien pour lui… j'adore vos yeux…

SONIA   Des Mexicains ?…

HUBERT   Des Mexicains.

SONIA   Ils sont derrière la porte…

HUBERT   Les Mexicains ?…

SONIA, *elle rit et se laisse prendre*… Mon fils, Henri, Inès…

HUBERT   Le monde entier est derrière la porte… le monde est toujours de l'autre côté de la porte !…

Il l'embrasse. Elle se laisse faire.

*On entend les voix d'Inès et d'Henri.
Ils se séparent.*

INÈS   Un véritable architecte cet enfant !

HENRI   Il veut un gâteau.

HUBERT, *se saisissant de la boîte de Fingers*   Voilà, voilà, c'est ma mort ces Fingers !

INÈS   Mais enfin, Hubert, ils ne vont pas lui donner un paquet de gâteaux dans son lit !

HENRI   Ni même un seul !

SONIA   Donne-lui, qu'est-ce que ça peut faire, il ne va pas mourir.

HENRI   Je lui donne le paquet ?

HUBERT   J'en ai mangé les trois quarts.

INÈS, *à Henri, qui va pour sortir avec le paquet*   Vous avez tort, Henri.

HENRI   Qu'est-ce que je fais ?

SONIA   Donne-lui un gâteau.

HENRI   Un seul ?

HUBERT   Il doit en rester deux ou trois maximum.

HENRI   Je fais quoi, Sonia, avant de devenir cinglé ?

SONIA   Donne-lui ce qui reste, et dis-lui que c'est très exceptionnel.

Henri sort.

INÈS   Il m'a tout expliqué. En réalité il a construit un aéroport-gare…

HUBERT   Un aérogare.

INÈS   Non, non, un aéroport-gare.

HUBERT   Ça s'appelle un aérogare.

INÈS   Je sais très bien ce qu'est un aérogare Hubert, le petit a fait un aéroport-gare, une gare dans l'aéroport, une gare avec des trains, des rails qui croisent des pistes, ça n'est pas un aérogare, c'est un aéroport avec des avions, combiné à une gare ferroviaire, un aéroport-gare !…

HENRI, *revenant*   Il restait deux Fingers !

INÈS   Qu'est-ce qu'il a fait Arnaud ? Un aéroport-gare !

HENRI   Un aéroport-gare, oui.

HUBERT   Très bien. Pourquoi s'énerver ?

HENRI   Qui s'énerve ? On meurt de soif ici. Un petit alcool, Hubert ?

HUBERT   Merci, je reste au sancerre.

HENRI, *il le sert*   Sonia ?... Inès ?...

Il remplit tous les verres, Inès boit.

Silence.

HUBERT   Que deviennent les Bloch ? Vous les voyez ?

SONIA   Ils ont été inondés.

HUBERT   Inondés ?

SONIA   Avant de partir en vacances, l'enfant du dessus a arrosé ses plantations en laissant le robinet ouvert.

HENRI   Francine venait de refaire l'appartement.

SONIA   Et lui sortait d'une dépression.

HUBERT   Il est dépressif le pauvre.

HENRI   Oui.

Un temps.

HUBERT   La dernière fois que je l'ai vu, je lui ai dit : écoutez, Serge, la dépression c'est une spirale, personne ne peut vous aider, personne ne peut rien pour vous, le seul remède c'est la volonté, la volonté, la volonté. Ça l'a triplement abattu. Ce n'était pas du tout ce qu'il fallait faire avec lui. Il est resté prostré, avec un regard d'effroi comme je n'en avais jamais vu.

INÈS   Si j'étais déprimée et qu'on me disait : la volonté, la volonté, j'irais directement me jeter par la fenêtre.

SONIA   Moi aussi.

HUBERT   Qu'est-ce qu'on peut dire ? Quoi qu'on fasse on perd du terrain. On peut dire vous mon vieux vous avez une longueur d'avance, vous avez anticipé la dégringolade, bravo, remerciez la fatalité qui vous distingue au royaume des foutus. Voilà ce qu'on peut dire.

Silence.

HENRI   On devrait faire un dîner avec les Bloch.

SONIA   Tu as encore d'autres idées aussi amusantes ?

Le téléphone sonne.
Henri va répondre.

HENRI   … Ok, je t'écoute… *(Aux autres :)* Raoul Arestegui… *(À Raoul :)* Oui… Oui… D'accord... Ah bon ?... Ah bon !... Non, non, moi j'ai traité trois galaxies externes !... Tu parles !... Un sur dix... Trois sur quatre ?... Bon, parfait... Merci, Raoul, merci, je ne peux pas te parler, je suis avec des amis, on se voit lundi... Ciao. *(Il raccroche.)*... « On the flatness of the Milky Way's dark halo ! », *the Milky Way !* Ils ont traité la Voie lactée !... Les simulations cosmo donnent un rapport de un sur deux ! Mon rapport est de un sur dix ! Et ceux qui ont modélisé trouvent trois sur quatre !

HUBERT   Formidable.

HENRI, *modestement fou de joie*   Pas formidable mais je me sens mieux ! Buvons, mes amis, buvons ! Vive les Mexicains ! Vous crevez de faim, non ? Sonia, où sont les Apéricubes, on avait des Apéricubes, chérie ?

SONIA   Là.

HENRI   Ah, je ne les avais pas vus ! Apéricubes au paprika, au cumin ! Au cumin, divin, Inès ?

INÈS   Non merci.

HENRI   Hubert, allez, allez !

HUBERT, *il prend une poignée d'Apéricubes et lève son verre*   À votre publication, Henri !

HENRI, *choque son verre, heureux*   Il se fout de moi mais c'est pas grave !

INÈS, *elle boit*   Je ne comprends rien mais je m'associe !

SONIA   Moi je trinque et je t'embrasse mon amour.

HENRI   Embrasse-moi mon amour ! Levons notre verre au héros de la journée, le colosse qui ne publie rien pendant trois ans et qui fait la fiesta parce qu'il peut soumettre son petit article !

SONIA   Quelle vanité !

HENRI   Pas vanité. Coquetterie, Sonia. Que nos amis ne s'imaginent pas qu'en dépit de mon soulagement j'ai perdu le sens de la mesure. *(Il boit.)* Surtout en face d'un *ponte* !

HUBERT   Il se fout de moi, mais qu'importe.

SONIA   Vous n'êtes pas un ponte ? Je serais déçue.

HENRI   Je l'ai formée dans le mythe Finidori, attention !

HUBERT   Je vois.

HENRI   *Milky Way !* Pourquoi il l'a pas dit plus tôt, ce con ! Moi j'en étais déjà à penser galaxies spirales, galaxies elliptiques ! Musique ? Si on mettait un peu de musique !

INÈS   Oh oui, musique !

SONIA   On ne va pas mettre de la musique, Henri !

HENRI   Pourquoi pas ?

HUBERT   Il a raison, pourquoi pas !

Flottement, Henri erre dans une sorte d'indécision.

HENRI   Non c'est vrai c'est idiot, on ne va pas mettre de la musique.

INÈS   Et pourquoi on ne mettrait pas de musique ?

HUBERT   Il n'a plus envie, Inès.

SONIA   On peut passer une bonne soirée sans musique, non ?

INÈS   Vous avez l'air déprimé tout à coup, Henri.

HENRI   Je ne suis pas déprimé.

INÈS   Votre enfant a fait un merveilleux édifice, demain il le détruira, dans son monde on ne garde pas les choses, on ne garde rien, ni même soi… *(Elle boit.)*… Servez-moi encore Henri s'il vous plaît, moi je me suis découragée subitement, j'ai même peur de vous gâcher la soirée… Il a fait de la neige sur les pistes avec des mouchoirs en papier... Au-dessus des cubes il y a des tempêtes, et des ouragans... Au-dessus de nous... qu'est-ce qu'il y a ?... Faites-moi rêver vous qui vivez haut...

HENRI   Je ne vis pas très haut Inès... Même plutôt assez bas pour dire la vérité.

INÈS   Ah bon ?

HENRI   Vous voyez bien. Passer d'une joie absurde à une mélancolie aussi absurde. Tout ça ne repose sur rien.

Léger temps.

HUBERT   En tout cas, Henri, pour revenir à vos affaires, si vous publiez d'ici la fin de l'année, moi je me ferai un devoir de parler de vous au comité.

HENRI   Hubert, rien ne vous y oblige !

SONIA   Tu ne bois pas un peu trop, Henri ?

HUBERT   Je parlerai de vous parce que vous êtes un homme pur, vous avez du talent mais vous n'avez pas l'esprit belligérant. Vous n'êtes pas doté des capacités stratégiques de certains de vos collègues. Une carrière, c'est un plan de guerre.

HENRI   Présenté comme ça, ça me fait vomir.

HUBERT   Alors je parlerai de vous pour m'attirer les bonnes grâces de Sonia à qui j'ai l'impression d'être antipathique.

INÈS   Tu crois être drôle mais tu es d'une lourdeur.

SONIA   L'élégance aurait consisté à soutenir mon mari sans le faire savoir. Un coup de pouce dans l'ombre.

HUBERT   Vous voyez que je vous suis antipathique.

HENRI   Qui veut le dernier cumin ?

HUBERT   Mangez-le Henri.

Un temps.

HENRI   Pour moi ce sont les meilleurs, ceux au cumin.

HUBERT   Moi ce soir j'ai découvert… quoi déjà ?… les Fingers. Tu retiens ce nom Inès.

HENRI   Vous pourrez vous vanter d'avoir reçu l'accueil le plus merdique de votre existence.

HUBERT   Je voudrais comprendre Henri cet accès de morosité. En sommes-nous responsables ?

SONIA   Henri veut que les choses arrivent et qu'elles n'arrivent pas. Il veut à la fois réussir et ne pas réussir, être quelqu'un et ne pas être quelqu'un. Être vous Hubert et être un raté, il veut qu'on l'aide et qu'on le rejette. Voilà comment est Henri, Hubert, un homme qui passe de la joie à la mélancolie et de la mélancolie à la joie, qui soudain s'agite, se lève d'un bon pied et s'agite, et croit que la vie est pleine de promesses et se voit avec le Russell Prize ou le Nobel, prend des airs de conspirateur excité et sans raison, tout à coup, s'accable, se paralyse et au lieu de la hâte et au lieu de l'impatience, le doute, et l'incertitude, et au lieu du désir, le doute et l'immense incertitude, les gens sont plus ou moins bien préparés à la vie…

INÈS   J'ai filé mon collant.

HENRI   Elle était avocate avant de travailler pour un groupe financier. À mon avis, elle pouvait faire acquitter n'importe quel criminel.

HUBERT   Tu devrais poser ton verre, Inès.

INÈS   Je me suis fanée en deux heures. Est-ce que vous savez qu'Hubert vient d'être nommé à l'Académie des sciences ?

Silence.

SONIA   Vous venez d'être nommé à l'Académie des sciences ?

HUBERT   Était-ce utile de le clamer sur les toits ?

INÈS   Sur les toits c'est vexant, nous sommes chez nos amis.

HUBERT   Nos amis s'en foutent.

SONIA   Vos amis ne s'en foutent pas Hubert, vos amis – le mot est peut-être exagéré – vos amis mesurent la distance. Ils s'inclinent. Ils veulent se réjouir avec vous, mais...

HENRI   Ils se réjouissent, bravo Hubert, qu'est-ce qu'elle raconte ?

SONIA   Ils se réjouissent, oui.

HENRI   Nous nous réjouissons. L'Académie, quel parcours Hubert ! L'Académie que nous fêtons avec des chips et des Apéricubes ! Nous nous réjouissons, et même voyez-vous si je me sens ce soir tout à coup frappé de légère solitude, je me réjouis sincèrement Hubert de cette apothéose.

HUBERT   Apothéose. Bon. *(Il se lève.)* Inès. Il est tard, nous devons prendre congé. *(Inès se lève.)* Je parlerai de vous au comité, Henri. Dans l'ombre. Envoyez-moi votre article avant même de le faire référer.

INÈS   Merci pour cette bonne soirée. Il est temps que je disparaisse, un seul verre suffit déjà à m'étourdir.

HUBERT   Au revoir Sonia...

SONIA   Au revoir...

Ils partent.

Henri et Sonia restent seuls.
Silence.

HENRI   Il dort ?

SONIA   On dirait.

On entend, venant de la chambre de l'enfant, la musique de Rox et Rouky.

Trois versions de la vie de Yasmina Reza a été créé le 7 novembre 2000 au théâtre Antoine (Paris)

Mise en scène : Patrice KERBRAT
Assistante : Anne BOURGEOIS
Décor : Edouard LANG
Lumière : Laurent BÉAL
Costumes : Pascale FOURNIER

Distribution
  Henri : Richard BERRY
  Sonia : Catherine FROT
  Hubert : Stéphane FREISS
  Inès : Yasmina REZA

UNE PIÈCE ESPAGNOLE

pour Luc

Aucune mention spécifique de décor.
Également, ne sont (presque) pas indiqués dans le texte les indispensables silences et temps.

Les passages entre la pièce espagnole et les apartés des acteurs doivent se faire sans rupture ; il faut jouer « legato » comme on dit en musique.

Par ordre d'entrée :

FERNAN, *entre 55 et 60 ans.*
PILAR, *entre 60 et 65 ans.*
NURIA, *fille de Pilar, environ 40 ans.*
AURELIA, *fille de Pilar, entre 40 et 45 ans.*
MARIANO, *mari d'Aurelia, 50 ans.*

1. Interview imaginaire

ACTEUR (qui joue Fernan)
Les acteurs sont des lâches.
Les acteurs n'ont pas de courage.
Moi le premier.
Les qualités humaines habituelles dans le monde normal sont contraires au bien de l'acteur.
Toute ta vie tu exerces une activité de femelle, tu veux être désiré, tu veux plaire.
Quand on a dit à mon père, il veut être acteur, il a répondu, ah bon il veut être pédé.
Les acteurs sont devenus des notables. On leur demande leur avis sur l'immigration et les OGM. Ce sont des notables, ils sont célébrés et respectés. Nous, quand on s'est lancé là-dedans, c'était une déchéance pour nos familles.
Les actrices étaient des putes. Des vraies rou-

lures, elles étaient maîtresses de ministre, elles allaient de lit en lit.
Elles sont devenues des bourgeoises.
Il y en a même qui sont catholiques. Il y a cent ans, elles étaient excommuniées, elles ne sont pas rancunières.
En ce moment, je répète une pièce espagnole d'Olmo Panero. J'interprète un gérant d'immeuble, un veuf, qui entame une liaison avec une femme plus âgée que lui qui a deux filles actrices.
Un homme bon et ennuyeux.
Une composition.
Je me flatte, n'est-ce pas, de n'être, dans la vie réelle, ni bon ni ennuyeux.
Bien que je ne puisse dire exactement en quoi consiste la vie réelle. Quand tu quittes un personnage et ses alentours, tu as plus de nostalgie que si tu avais quitté un lieu réel.
La vie réelle est lente et vide.
J'ai une grande scène de séduction dans cette pièce, il n'y a que moi qui parle.
Ma partenaire ne dit pas un mot, pour ainsi dire, et rafle la mise,
elle n'ouvre pas la bouche et on ne voit qu'elle.
Je lui sers la scène sur un plateau d'argent.

II. *Pièce espagnole*

Scène de séduction. Chez Pilar.
Fernan et Pilar.

FERNAN   La phrase la plus courante, vous l'avez peut-être prononcée vous-même Pilar, c'est : que fait le syndic, le syndic ne fait rien. Soit nous sommes trop au bureau et pas assez dans les immeubles, soit nous sommes dans les immeubles et on nous reproche d'être injoignables – les copropriétaires ne veulent pas de la secrétaire – une récrimination qui va s'aggravant car je n'hésite pas à le dire, la multiplication des moyens de communication assassine la communication : le fax ou l'e-mail ne font que s'ajouter à la lettre et au téléphone. D'où : le syndic ne répond jamais, le syndic ne rappelle jamais, les adverbes jamais, toujours, rien, on ne s'en prive pas. Le problème c'est qu'on ne nous apprend pas à gérer les gens. Faire respecter des lois est difficile mais gérer des gens ! Dans notre activité, il y a deux aspects antagoniques. Un aspect commercial, donc nécessairement psychologique, et un aspect professionnel qui consiste à faire son métier envers et contre tout. Pour moi qui viens d'un autre univers, univers littéraire et philosophique, la question est : face aux nouveaux impératifs de rentabilité et de productivité, comment marier cet héritage à mon activité concrète, comment rester un humaniste ? Les gens réclament mais ne connaissent ni leurs droits ni leurs devoirs. Vous devez comprendre Pilar, que le gérant, l'administrateur de biens, qui entre parenthèses sont les descendants directs des *régisseurs,* les Oncle Vania d'aujourd'hui en quelque sorte, sont obligés, en sus des compétences minimales de base indispensables qui vous étonneraient, d'être des pédagogues.

PILAR   Bien sûr.

FERNAN   Vous avez une idée des compétences de base indispensables pour être gérant ?

PILAR   Non.

FERNAN   Non. Personne n'en a idée. Eh bien, je me fais fort de vous surprendre Pilar, le gestionnaire doit avoir des compétences en comptabilité (compte de copropriété, compte locatif, compte de gérance, comptabilité des fournisseurs), en fiscalité (fiscalité immobilière), en droit social et salarial (la concierge, la femme de ménage, le jardinier), en droit des assurances pour la gestion des sinistres, des compétences juridiques, si vous saviez le nombre de contentieux avec procès à la clé et quelquefois sérieux.

PILAR   C'est incroyable.

FERNAN   Des compétences techniques Pilar, qui sont celles que les clients aimeraient qu'on ait et qu'on a le moins, on les acquiert sur le tas avec les entreprises, c'est très important d'aller sur les chantiers, je dis toujours le bon gérant se forme sur les chantiers.

PILAR   Bien sûr.

FERNAN   Le syndic est soumis à tellement de pressions contradictoires que ça m'a appris, en dépit de mon côté passionné, l'usage de cette flèche immobile : la neutralité.

PILAR   Je comprends.

III. Dialogue imaginaire

ACTRICE (qui joue Pilar)
Je ne supporte pas d'être engoncée, je ne mets jamais de col roulé, je ne mets jamais de collier, je ne mets même pas de collier Françoise, je ne mets rien autour du cou, je ne peux pas jouer avec un jabot ! J'ai l'impression d'avoir un goitre, pourquoi faut-il que Pilar soit coincée, je suis une femme séduisante Françoise, je suis

une femme qui séduit un bel homme veuf qui a toutes les femmes qui pépient autour de lui, vous savez bien qu'un homme seul à partir d'un certain âge a l'embarras du choix, pour moi une femme qui va à son premier rendez-vous dans cette tenue a perdu la tête Françoise, je vous le dis franchement avec tout le respect que j'ai pour votre talent, je sais bien que vous êtes une costumière renommée, je veux bien fermer les yeux sur le tailleur rouge qu'entre nous je désapprouve car vous ne m'enlèverez pas de l'idée que vous avez habillé Pilar en rouge uniquement parce qu'elle est espagnole, je veux bien fermer les yeux sur le tailleur rouge du jardin – encore qu'une femme de mon âge, même espagnole, qui a un tant soit peu d'élégance et qui a été réceptionniste dans un grand salon de coiffure, n'aurait pas l'idée de se mettre en rouge, ou alors le soir au restaurant, mais non dans la journée pour se promener – je ferme les yeux sur le tailleur mais je ne peux les fermer sur le chemisier à col jabot de dentelles que vous appelez col Danton comme si ce mot était de nature à me rassurer, de même que les mots voile, nuage, tissu arachnéen que vous assortissez d'un mouvement de main et de bras en forme de corolle, qui entre parenthèses m'horripile, pouvaient bannir la sensation d'étranglement que j'ai éprouvée hier lorsque nous avons répété pour la première fois en costume la scène dite de séduction, une scène plutôt comique au premier abord que nous devons jouer avec la plus touchante vérité, or ce n'est pas en me sentant le duc de Guise que je peux m'attendrir comme n'importe quelle femme sur l'étendue des compétences d'un administrateur de biens, vous remarquerez que je n'ai rien dit au metteur en scène Françoise, il n'y a rien de positif dans cette abstinence, il pencherait de votre côté, un acteur qui émet une réserve sur son costume est aussitôt soupçonné d'être mal à l'aise dans son personnage alors que je suis très à l'aise dans Pilar, d'ailleurs je suis très à l'aise dans vos autres costumes Françoise, vous l'avez noté, même dans le tailleur rouge au fond, vous avez pris le parti des couleurs crues et je vous suis, le chemisier aussi me convient, je vous suggère juste à la place du col Danton un petit col Claudine, un mi-chemin entre le strict et le féminin, Françoise essayons de ne pas être chacun pour soi, pensons au théâtre, pensons à Pilar, pensons à Fernan, à leur maladresse, pensons à l'amour qui s'installe par touches bancales.

IV. Pièce espagnole

Un jardin public.
Sur un banc, Aurelia et Mariano, avec lunettes de soleil.
Sur les genoux d'Aurelia, un magazine féminin (espagnol bien sûr).

MARIANO   Lola, rends la pelle au petit garçon !

AURELIA   N'interviens pas, laisse-la vivre sa vie.

MARIANO   Elle a déjà sa pelle, elle n'a pas besoin d'avoir deux pelles.

AURELIA   Laisse-les se débrouiller. Les parents ne doivent pas se mêler.
Tu crois qu'ils sont ensemble ?

MARIANO   Qui ?

AURELIA   Nuria et Gary Tilton.

MARIANO   Montre.

AURELIA   Elle dit que non mais ils ont l'air ensemble. Il est vraiment mignon lui.

MARIANO   Fais voir.

AURELIA   Quelle salope.

MARIANO, *regardant la revue*   Teint et body-buildé.

AURELIA   Toi aussi tu es teint.

MARIANO   Hurle-le.

AURELIA   Pourquoi il serait teint, il a à peine quarante ans.

MARIANO   Cinquante, au moins.

AURELIA   Gary Tilton a quarante ans Mariano.

MARIANO   Laisse-lui le râteau au moins ! Laisse-lui le râteau. Lola !

AURELIA   Elle parle de moi… « Ma sœur est plus rare que moi, je l'ai toujours admirée, j'ai voulu faire ce métier parce que je l'admirais, je voulais la copier, j'ai toujours pensé qu'elle avait plus de talent que moi… »

MARIANO   C'est gentil.

AURELIA   Sous-entendu la pauvre n'a pas eu ma chance. Ça n'a rien de gentil. Démagogie, condescendance, et pitié.

MARIANO   Ridicule.

AURELIA   C'est fascinant de pouvoir dire ma sœur est plus rare que moi quand je sais très bien qu'elle pense qu'il était naturel que je m'encroûte avec un prof de maths, étant donné mon tempérament de ménagère, dixit Cristal et je la crois. Cristal dit qu'elle a dit maîtresse de maison mais moi je traduis ménagère, quand elle m'appelle c'est pour savoir si Prica livre le samedi matin ou si elle doit mettre de l'amidon dans la machine, elle ne m'appelle jamais pour autre chose, c'est la ménagère qu'elle appelle. Les gens dont on dit qu'ils ont plus de talent que vous, sont les gens qui ne vous font aucune ombre. Au fait Cristal a pris un amant. Au bout de deux jours le type l'aime trop, ne dort plus, ne mange plus et ne veut plus la voir pour éviter de souffrir. La pauvre qui avait recommencé à s'épiler et à s'intéresser à elle. Je lui dis mais enfin Cristal qui veut d'un type qui ne dort plus et qui ne mange plus ? Personne ne veut ça, on veut un type qui dort, qui ne pense pas à vous et qui vous démolit. Elle dit oui bien sûr, d'autant qu'en voiture il me labourait le genou, j'ai failli le claquer, j'ai dit pourquoi il te labourait le genou, elle me dit tu sais ce genre de caresse horripilante que les types font d'une main en conduisant, mais j'avais franchi le pas, je m'étais créé une trouée d'air, tout ça pour repartir nez à nez avec Anibal qui n'a rien trouvé de mieux que de prendre sa mère chez nous pendant ses travaux. La mère d'Anibal mange une baguette entière au petit déjeuner. Cristal me dit qu'elle avance à chaque fois une sorte de bras saccadé par-dessus la table, comme pour passer inaperçue.

MARIANO   Elle le tape avec le râteau.

AURELIA   Lola, tu ne tapes pas chérie ! Tu ne tapes pas le garçon avec le râteau !

Elle se précipite vers leur enfant.

V. Confession imaginaire

ACTEUR (qui joue Mariano)
Je répète une pièce d'Olmo Panero.
Je joue Mariano.
Un prof de maths qui a épousé une actrice.
Un type mou et sans moralité.
Sans moralité est séduisant.
Mais dans mou et sans moralité, c'est mou qui l'emporte.
Le sans moralité est la conséquence du mou, de sorte que sans moralité n'a plus aucune ampleur.
Quand vous jouez un mou sans moralité, vous pouvez vous contenter d'être seulement mou, il n'y a plus aucune dimension active dans le sans moralité.

C'est dommage.
Donc je suis l'acteur qui joue Mariano.
Un mou.
Un type sans volonté donc sans moralité.
Car on ne peut pas s'attendre à une moralité sans volonté.
En revanche, je pourrais être sans moralité sans être dénué de volonté.
C'est sur cette hypothèse que je fonde mon regret.

VI. *Pièce espagnole*

Aurelia et Mariano, toujours au jardin.

AURELIA Tu pourrais m'adresser la parole de temps en temps.

MARIANO Pour dire quoi ? J'ai un sentiment de mort ici. J'endure la vie de tes sœurs en regardant des êtres informes se vautrer dans un sable dégueulasse et gueuler pour un râteau.

AURELIA Tu veux qu'on se promène ?

MARIANO C'est pire.

AURELIA Qu'est-ce que c'est ? *(Mariano a sorti une flasque de sa veste.)* Qu'est-ce que tu fais ?

MARIANO   Du cognac.

AURELIA   Tu sors avec ton cognac maintenant ? Depuis quand tu fais ça ?

MARIANO   Depuis toujours.

AURELIA   Tu bois Mariano ?

MARIANO   Je ne bois pas.

AURELIA   Mais si tu bois !

MARIANO   Je ne bois qu'en réaction.

AURELIA   En réaction à quoi ? Mariano, tout le monde te voit ! Coucou !… Dis-lui coucou !

MARIANO   Coucou !…
C'est inhumain ce qu'on fait là.

AURELIA   Qu'est-ce qu'on fait ?

MARIANO   Être là, c'est inhumain. Bois un petit coup. Tu verras que la journée sera plus légère.

Il lui tend la flasque qu'elle repousse.

AURELIA   Je suis épouvantée.

MARIANO   Et moi je suis épouvanté par ta capacité à affronter des après-midi de ce genre.

VII. *Interview imaginaire*

ACTRICE (qui joue Nuria)
Ma tête non, mon corps oui, un peu, mais ma tête non je la vois pas, je ne la comprends pas, si je suis belle ou laide, je ne le sais pas,
dans une certaine glace mon visage est beau, enfin ressemble à un visage que je trouverais beau, dans d'autres il est affreux, et je me dis c'est le mien,
c'est ça que je suis et que je dissimule de mon mieux,
pareil sur les photos ou dans les films, la plupart du temps moche et quelquefois pas mal, je dirais pas belle, mais avec du charme, un charme perceptible par moi comme étant du charme, et peut-être bien un charme à moi, celui que d'autres voient,
une tête trop variable pour s'en faire une idée, peut-être que je voulais être actrice pour m'en faire une idée.
Je n'aime pas les interviews.
J'en donnais des milliers, autrefois, devant personne,
quand je rêvais d'être quelqu'un.
Je n'aime plus les vrais.
D'ailleurs le vrai est moins intéressant, d'une manière générale.

VIII. *Pièce espagnole*

Pilar et Nuria.
Pilar regarde le même magazine qu'Aurelia.

PILAR   Ah voilà, là tu es belle, tu vois comme c'est merveilleux quand tu as les cheveux défaits, tu parais dix ans de moins.

NURIA   Et là ?

PILAR   J'aime moins.

NURIA   C'est une photo du film.

PILAR   Tu as un chignon dans le film ?

NURIA   Oui.

PILAR   C'est dommage.

NURIA   C'est pas dommage, c'est le personnage !

PILAR   Et le personnage a un chignon tout le temps ?

NURIA   Tout le temps.

PILAR   C'est dommage qu'on ne voie pas tes cheveux.

NURIA   Maman, on se fout de mes cheveux !

PILAR   Tu ne vas pas commencer à me crier desssus comme ta sœur. Tu sais comment elle me désigne maintenant, elle dit *celle-là*. Je fais une réflexion sur Lola, qui entre nous se tient de plus en plus mal, je fais une réflexion sur le portable de Lola…

NURIA   Elle a un portable !

PILAR   Elle a un portable. Un faux. Mais qui est pire qu'un vrai au niveau du bruit, j'estime qu'on devrait lui confisquer le portable en société, elle dit à Mariano ma fille me tue et *celle-là* me fait des leçons d'éducation. C'est normal d'après toi Nuria ?

NURIA   Tu la connais.

PILAR   J'ai raconté ça à Fernan qui est d'accord que ce n'est pas normal.

NURIA   Tu lui parles de nous ? Pourquoi tu lui parles de nous ?

PILAR   De quoi veux-tu qu'on parle ? On parle de nos vies.

NURIA   Je te défends de lui parler de nous.

PILAR   Tu ne me défends rien du tout, et si tu ne veux pas qu'on parle de toi, déjà ne fais pas d'article dans les journaux.

NURIA   C'est mon métier maman, ça n'a rien à voir.

PILAR   C'est ton métier, et moi c'est mon métier de parler de mes enfants à mon fiancé.

NURIA   À ton fiancé !

PILAR   Tu veux que je dise comment ?

NURIA   Maman, ne dis pas *mon fiancé* même pour rire !

PILAR   Et pourquoi ?

NURIA   Parce que c'est ridicule maman.

PILAR   Oui, peut-être. Mais tu vois moi je trouve ça joli. Je trouve ça joli mon fiancé à mon âge et je me fiche du ridicule.

NURIA   Et lui il dit *ma fiancée* ?

PILAR   Non. D'ailleurs je ne sais pas ce qu'il dit, je ne sais pas comment il parle de moi. Bon, alors, laisse-moi lire...
Je vais aimer ce film moi ?...

NURIA   Non.

PILAR   Pourquoi je n'aimerais pas ?

NURIA   Parce que tu n'aimes pas ce genre de film.

PILAR   On ne rit pas ?

NURIA   Pas du tout.

PILAR C'est dommage. Les gens aiment rire.

NURIA Eh bien ils ne riront pas.

PILAR C'est dommage.

NURIA Oui.

PILAR Et Gary Tilton, il est reparti à Hollywood ?

NURIA Maman qu'est-ce que ça peut te faire ?

PILAR Un de ces jours tu vas être appelée par Hollywood. Comme Penelope Cruz.

NURIA Quand j'aurai cinquante ans, pour faire sa mère.

PILAR Retiens ce que je dis, tu verras.

NURIA Vous comptez vivre ensemble avec Fernan ?

PILAR Je ne sais pas. D'abord j'aimerais qu'il vous plaise. Tu me diras s'il fait plus jeune que moi. Quel dommage que Cristal soit clouée à Barcelone. J'aurais aimé avoir mes trois chéries. Je ne vous ai plus jamais toutes les trois.

NURIA Je parle d'Aurelia dans l'article.

PILAR Où ça ? Ah ça c'est bien. C'est gentil ce que tu dis. Ça va lui faire un plaisir fou. C'est vrai qu'elle a beaucoup de talent ta sœur.

NURIA   Plus que moi ?

PILAR   On ne peut pas comparer mon trésor.
Toi tu as la beauté en plus.

IX. Interview imaginaire

ACTRICE (qui joue Nuria)
Dans les vrais interviews, on ne peut pas jouer
comme on veut, on finit par transiger,
on a la trouille.
Je voulais jouer Sonia. Dans *Oncle Vania*.
C'était le rôle que je voulais jouer.
Mon rêve à moi, quand j'étais jeune.
L'oubliée, la mal-aimée.
La moche.
Elle aime un homme qui ne la regarde même pas.
À un moment donné elle demande, quand reviendrez-vous, il répond, je n'en sais rien, elle dit, faudra-t-il attendre encore un mois ?
Je savais dire ça,
je savais comment il fallait le dire,
mieux que personne,
les personnages sont ceux que nous sommes,
mieux que nous,
le reste de ma vie,

le succès,
l'idée qu'on se fait de ma beauté,
n'ont jamais recouvert Sonia Alexandrovna.
Je ne l'ai jamais jouée.
On veut très fort vivre une chose, qui est à portée de main, et puis le temps passe,
un jour il est trop tard,
on se laisse quelque part,
dans des pages.
Dans une mise en scène de *La Mouette* on voyait petit à petit reculer la maison et le théâtre de plein air,
quand j'étais petite, dans le train, je jouais à penser que c'était le quai qui partait,
j'essayais de tenir le plus longtemps possible,
les panneaux, les arbres, les maisons,
ça me fait penser à ce vers de Virgile : « Les terres et les villes reculent. »
Au fur et à mesure du temps, des mondes qu'on aurait voulu habiter,
s'en vont,
à la dérive.
Je répète une pièce espagnole, une comédie familiale, dans laquelle je joue le rôle d'une actrice.
C'est bizarre d'interpréter une actrice,
j'ai l'impression de devoir *signaler* que c'est une actrice,
le metteur en scène dit, contente-toi d'être toi-même,
mais c'est quoi moi-même ?

C'est quoi moi-même-actrice ?
Ça existe ?
Dans ma chambre, j'ai une photo.
Des acteurs arrivent sur un plateau nu, regardent un paysage qui n'existe pas.
Ils sont perdus,
pas vraiment perdus,
désorientés,
ils s'affolent pour un rien, on peut leur faire croire n'importe quoi.
C'est ça que j'aime,
les gens qui vont d'un endroit à l'autre,
en diagonale,
ils traversent un fleuve,
ils vont d'un âge à un autre,
ils ne marchent pas dans le temps réel...

X. Pièce espagnole

Mariano et Aurelia.
Chez eux.
Mariano, une brochure à la main, donne la réplique à Aurelia.

MARIANO *Vous me troublez. (Un temps.)*
Vous me troublez.

AURELIA   Il le dit deux fois ?

MARIANO   Non, mais tu ne répondais pas.

AURELIA   Parce que je laisse un temps. Vous me troublez.

MARIANO   *Vous me troublez.*

AURELIA, *un temps*   *Chaque mardi, monsieur Kiš, je traverse le fleuve pour venir chez vous, et sur le pont chaque mardi, j'envisage ce que nous pourrions étudier après le Mendelssohn. Ensuite je m'assois sur ce siège inconfortable, je prends soin de me reculer pour vous mettre à l'aise. Je ne sors jamais de ma sacoche les partitions que j'ai apportées car vous ne faites aucun progrès. J'apprécie la courbure de votre nuque et votre application d'enfant, et je m'apprête à prononcer les mots définitifs qu'un professeur normal prononcerait.*

MARIANO   *Quels mots ?*

AURELIA   *Puis vous dites vous me troublez, d'autres fois vous étiez troublé par le froid ou par le métronome, avouez que ce n'est pas la même chose d'être troublé par le métronome, a-t-on raison d'employer le même mot, d'autant que vous ne vous retournez pas, vous dites vous me troublez sans vous retourner, ni vous ni moi ne bougeons.*

Un temps.

MARIANO « Voulez-vous que nous abandonnions le Mendelssohn ? »

AURELIA Je sais, mais laisse-moi mettre un temps !... *d'autant que vous ne vous retournez pas, vous dites vous me troublez sans vous retourner, ni vous ni moi ne bougeons. (Un temps.) Voulez-vous que nous abandonnions le Mendelssohn ?*

MARIANO *Mademoiselle Wurtz, vous qui m'observez de dos, avez-vous remarqué que je me tenais légèrement penché d'un côté, que je m'affaissais sous le poids d'une pression invisible : c'est votre main mademoiselle Wurtz, votre main confiante posée sur mon épaule.* J'agonise.

AURELIA *Monsieur Kiš, je me tiens vous le savez, de façon immensément passagère. Voulez-vous que nous jetions aux orties ce Mendelssohn et tout ce qui doit nous assombrir ?*

MARIANO Qui peut aller voir ça ?

XI. Confession imaginaire

ACTEUR (qui joue Fernan)
Olmo Panero a traversé les Pyrénées pour nous dire que les mots étaient des parenthèses de silence.

Avant d'articuler cette phrase, il s'est assis au fond de la salle, sur le côté, dans l'angle mort de la lumière de service.
Il est ce qu'on appelle un jeune auteur.
Un garçon qui a un certain succès dans son pays.
Un jeune auteur, bien qu'il ne soit pas spécialement jeune.
Le temps est souple pour les auteurs.
Il est venu spécialement de Madrid assister à quelques répétitions,
il s'est assis au fond de la salle, sur le côté, dans l'angle mort de la lumière de service, de sorte qu'on ne peut distinguer aucun de ses traits.
À partir de l'instant où Olmo Panero disparaît quelque part dans une rangée du fond, il n'y a plus rien de naturel dans mon comportement,
je fabrique au jugé un personnage sorti de l'ordinaire,
mes gestes,
mes intonations,
mes fausses humeurs,
mes plaisanteries d'ambiance,
je fais mon magnifique pour la tache d'ombre au fond,
je veux qu'Olmo m'adore,
qu'il soit saisi par ma dimension,
je veux qu'il pense que je suis le plus somptueux,
l'acteur le plus somptueux,
le plus grand Fernan qu'il ait vu
le plus grand Fernan de tous les temps.

À la fin de la journée, il quitte sa place et s'avance,
il dit que les mots ne sont que des parenthèses de silence,
il a traversé les Pyrénées pour dire cette phrase,
à moi,
en particulier.

XII. Dialogue imaginaire

ACTEUR (qui joue Mariano)
Sachez monsieur Panero qu'avant d'interpréter votre Mariano, j'ai joué d'autres déshérités, d'autres alcooliques,
j'ai joué des Russes bien plus fêlés que votre Mariano,
j'ai joué des malheureux de toutes catégories,
je suis le grand spécialiste des malheureux de papier, voyez-vous,
ne venez pas m'expliquer comment on fait,
ne venez pas désenchanter votre écriture avec vos explications, ne m'expliquez rien,
ne m'adressez pas la parole,
ne laissez paraître aucune satisfaction,
surtout,
ne m'obligez pas à me montrer humblement heureux de votre satisfaction,

la satisfaction de l'auteur étant la chose la plus médiocre qui soit, pour ne pas dire la plus répugnante,

lors de notre lecture je vous ai vu sourire monsieur Panero, à la lecture de votre propre pièce, je vous ai vu sourire aux anges, vous enchanter tout seul sur votre chaise, un peu en retrait, comme il se doit, le retrait du garçon à cheval entre la gêne et l'arrogance,

je vous ai vu sourire aux anges à l'écoute de votre partition pourtant peu mise en valeur, pour ma part je ne cherchais qu'à endiguer votre pénible frétillement,

la satisfaction de l'auteur est obscène pour être tout à fait franc,

à défaut d'être mort monsieur Panero, qui est, si on réfléchit, le seul statut qui convienne à votre profession,

efforcez-vous de n'être qu'une absence, un nom sur l'affiche,

ou demeurez l'être obscur et granitique qui s'assoit au fond de la salle, sur le côté, dans l'angle mort de la lumière de service,

laissez-nous seuls avec vos personnages,

ils veulent se dévergonder,

être séditieux,

vous rire au nez Olmo,

l'acteur est là pour anéantir l'écrivain

savez-vous,

l'acteur qui ne veut pas anéantir l'écrivain est foutu,
l'acteur qui capitule,
qui ne veut pas, d'une manière ou d'une autre, piétiner votre belle ordonnance,
ne vaut rien.

XIII. *Pièce espagnole*

Pilar, Nuria, Aurelia, Mariano, Fernan.
Chez Pilar.
Thé, petits gâteaux. Champagne.

MARIANO   J'ai définitivement renoncé à l'aïkido depuis que j'ai vu Sergio Morati à la piscine de Valladolid. J'ai dit à Aurelia, cite-moi un seul muscle chez Sergio, un seul qui te ferait dire voici un deuxième dan d'aïkido. Douze ans de salles obscures pour présenter au bord de la piscine de Valladolid, un corps adipeux sans l'ombre d'un muscle apparent.

AURELIA   Il dit qu'il a renoncé à l'aïkido mais il n'a jamais pensé à faire de l'aïkido, ni à faire aucun sport.

PILAR Sergio Morati, j'aimais bien ce garçon, qu'est-ce qu'il est devenu ?

MARIANO Il est dans une maison de santé.

PILAR Ah bon ?

MARIANO Quand il a appris que sa femme le trompait, il est allé dans la rue avec une bouteille de vodka, il s'est mis à genoux et a demandé aux voitures de venir l'écraser. On a réussi à le faire rentrer dans la maison et il a tenté de se suicider au couteau devant les enfants. Il s'est lacéré le ventre devant les enfants.

PILAR Devant les enfants ?

MARIANO Oui. Qui n'étaient déjà pas tout à fait normaux.

PILAR Qu'est-ce qu'ils avaient ?

AURELIA Le grand avait installé une morgue dans sa chambre…

PILAR Une morgue !

AURELIA Oui. Avec des cadavres d'insectes. Et la petite changeait de tenue environ dix fois par jour.

NURIA Ta fille passe bien l'aspirateur.

AURELIA Quel rapport ?

NURIA Moi j'ai trouvé un peu curieux, excuse-moi, une enfant qui se réjouit d'avoir un aspirateur pour son anniversaire. *(À Fernan :)* Ma nièce a demandé un aspirateur pour ses trois ans, un jouet mais qui aspire quand même avec des piles, qui aspire des petites billes et des poussières, elle était folle de bonheur, elle s'est mise à aspirer immédiatement, il fallait lever les pieds et la regarder aspirer, après le déjeuner elle a voulu quitter la table avant le dessert, j'ai dit elle veut encore passer l'aspirateur, et c'était vrai, il fallait qu'elle y retourne.

MARIANO Depuis nous avons renvoyé la femme de ménage.

PILAR N'empêche qu'elle le fait très bien. Elle a apporté son aspirateur dimanche dernier, elle a fait l'entrée et la chambre, dis donc, drôlement consciencieuse.

NURIA, *à Fernan* Elle ne peut plus s'arrêter. C'est une passion.

FERNAN Nous qui cherchons sans cesse du personnel d'entretien...

AURELIA Excusez-moi, excusez-moi Fernan, cette conversation m'indispose.

MARIANO Et l'avantage avec sa taille, c'est qu'elle peut aller...

AURELIA   Si tu ajoutes un mot, je m'en vais.

PILAR   Mais enfin chérie, qu'est-ce qu'il y a de grave ? On rit.

AURELIA   Moi je ne ris pas. *(À Mariano :)* Et toi ça t'amuse de ridiculiser ta fille.

MARIANO   Reconnaissons qu'elle passe l'aspirateur.

AURELIA   Et alors ? C'est interdit ?

MARIANO   C'est toi qui en fais une affaire.

AURELIA   J'en fais une affaire parce que je sais très bien ce qu'il y a derrière ça.

PILAR   Qu'est-ce qu'il y a derrière ça chérie ?

AURELIA   Il y a derrière ça maman, qu'elle ne passe pas l'aspirateur par hasard, il y a derrière ça que le modèle de cette enfant est *domestique*. Ça relève du même venin que de me dire que je suis organisée et prévoyante, sous-entendu notons au passage le fossé entre l'artiste *(geste vers Nuria)* et la petite-bourgeoise.

PILAR   Bon, alors, vous n'allez pas vous disputer aujourd'hui, Fernan voilà ce que c'est d'avoir deux filles.

NURIA   Elle devient paranoïaque.

AURELIA   Si tu trouves que je deviens paranoïaque, tu ne te tournes pas vers mon mari pour lui dire que je deviens paranoïaque, tu me dis à moi, en face, tu es paranoïaque. Tu ne cherches pas auprès de Mariano qui est un légume et qui ne prend jamais mon parti, un soutien misérable. S'il te plaît maman, est-ce que tu as du faux sucre ?

Pilar sort.

NURIA   Tu es paranoïaque.

AURELIA   Voilà. Je préfère.

NURIA   Et si ça te perturbe à ce point, rassure-toi, je ne dirai plus jamais que Lola passe l'aspirateur.

AURELIA   Tu peux parfaitement dire que Lola passe l'aspirateur, et d'ailleurs elle ne passe pas seulement le petit mais aussi le grand si tu veux savoir, elle fait son lit, elle plie ses affaires, c'est une perle, on a une perle, je me fous qu'on dise que Lola passe l'aspirateur, mais tu ne peux pas dire qu'elle passe l'aspirateur au même titre que la petite Cernuda qui part en classe en débardeur sans manches au mois de janvier et qui est totalement déglinguée.

PILAR, *revenant*   Chérie, tu ne m'as pas dit comment se passaient tes répétitions.

AURELIA Très bien.

PILAR Tu es contente du metteur en scène ?

AURELIA Oui.

FERNAN Vous répétez quoi ?

AURELIA Une pièce bulgare. Des années soixante-dix.

MARIANO D'une grande gaieté.

PILAR C'est vrai ?... Mais pourquoi vous ne faites jamais des choses gaies ? Les gens aiment les choses gaies.

NURIA Vous vous intéressez au théâtre Fernan ?

FERNAN Ah oui, beaucoup. Vous savez, j'ai une formation littéraire et philosophique.

NURIA Vous y allez ?

FERNAN Autrefois, souvent. Plusieurs fois par an à Maria Guerera, au Bellas Artes.

MARIANO Vous n'y allez plus ?

FERNAN Je suis moins organisé. C'était ma femme qui organisait ces sorties. Je vais au cinéma en revanche. *(À Nuria :)* Je vois tous vos films.

NURIA Merci.

PILAR   Ah ça c'est vrai. Même avant que je le connaisse il te connaissait par cœur.

NURIA   Merci.

FERNAN, *après un temps*   … Et de quoi parle votre pièce ?

AURELIA   De pas grand-chose.

MARIANO   Si, si, raconte.

AURELIA   Une histoire très banale en elle-même.

MARIANO   Mais dans un style qui va vous plaire.

AURELIA   Un professeur de piano, que je joue, tombe amoureuse de son élève, un homme plus âgé qu'elle, qui est marié.

NURIA   Et lui tombe amoureux d'elle ?

AURELIA   On ne sait pas.

XIV. Interview imaginaire

ACTRICE (qui joue Aurelia)
Je répète une pièce espagnole
dans laquelle je joue une actrice

qui répète une pièce bulgare.
J'enseigne le piano à un homme marié dont je m'éprends.
Nous travaillons un prélude de Mendelssohn,
une œuvre peu connue,
extraite des six préludes et fugues,
écrits en hommage à Bach,
sur une longue période,
sans plan,
sans désir de faire une œuvre.
L'homme ne travaille pas son piano,
il ne fait aucun progrès,
au fur et à mesure,
je n'ai plus de raison de venir,
je suis de moins en moins légitime,
car aimer
ne signifie pas être légitime.
Lui ne me dit jamais de ne plus venir,
j'ai peur de cette phrase,
je la redoute à chaque fois.
Nous travaillons un piano qui n'avance pas.
Le temps passe.
C'est une pièce sur la solitude et le temps qui passe,
deux sujets irréparablement liés.
Mon mari dans la pièce espagnole trouve cette pièce bulgare sinistre,
ma mère voudrait que je joue des choses gaies.
J'aime jouer des choses gaies,
les choses gaies ne sont pas inférieures aux choses tristes.

Mais quand même, les choses tristes
restent plus
en vous,
longtemps.

XV. *Pièce espagnole*

Les mêmes. Un peu plus tard.

MARIANO   Goytisolo a compris que j'étais incontournable dans l'immeuble alors que je ne fais même pas partie du conseil syndical. Goytisolo a demandé à Marañon, le syndic, s'il fallait vraiment couper le lierre – c'est-à-dire obéir aux injonctions de la folle (la voisine) – Marañon a envoyé un papier officiel précisant que quand tu as un mur mitoyen, tu n'as pas le droit de planter à moins de trois mètres du mur.

FERNAN   Exact. Encore faudrait-il s'entendre sur le statut de mitoyenneté.

MARIANO   Bon, vous voyez comme c'est facile ! Pepiñolé, qui est au rez-de-chaussée et qui s'occupe du jardin, ce que nous appelons jardin, en réalité la cour, parce qu'il s'est proposé de le faire, soi-disant il s'intéresse aux plantes, pourquoi pas, Pepiñolé est vendu à la femme d'à côté. Pourquoi vendu ? Pour qu'on lui nettoie sa gouttière dans laquelle le lierre rentre car il a peur de monter lui-même sur une échelle. On fait une réunion chez Goytisolo, avec Goytisolo, Franco, Marañon, Pepiñolé et moi, qui n'ai rien à voir, car je ne fais pas partie du conseil. On décide de couper le lierre de peur d'un procès, Goytisolo et Franco font comprendre à Pepiñolé que toutes ses plantations c'est de la merde, que si nous cédons sur le lierre pour raisons légales, nous ne comptons pas, a fortiori, entériner ses plantations, Pepiñolé multiplie les pots dans la cour, après avoir refusé de mettre des rhododendrons, on se demande pourquoi, qui sont très heureux à l'ombre, il multiplie les hortensias et Franco ne le supporte pas. Pepiñolé se vexe et s'en va. Une semaine après, Goytisolo m'appelle et me dit Pepiñolé est très bizarre, il a appelé l'entreprise lui-même pour faire tout couper, il veut tout couper, une coupe comme à l'armée, pas seulement ce qui dépasse sur le mur de la salope, il veut scalper le lierre, l'aucuba et l'hibiscus, il veut faire de la cour une cour d'hôpital, alors moi je serai là, mais il faut que vous soyez là aussi, avec Franco et Marañon ce nul qui a laissé Pepiñolé prendre les rênes du jardin, si Marañon, me dit Goytisolo, et je lui donne entièrement raison, n'avait pas laissé Pepiñolé prendre les rênes du jardin, car personne ne l'y obligeait, on aurait un jardin en friche comme on l'a toujours eu quand on s'en foutait, un jardin humain, pas un truc à l'allemande, c'est quand même incroyable dit Goytisolo, et je lui donne entièrement raison, qu'on doive subir la dictature d'un prothésiste du rez-de-chaussée qui n'est là, et encore uniquement à titre professionnel, que depuis deux ans, qu'est-ce qu'il y a Aurelia, qu'est-ce qu'il y a, Fernan comprend très bien ce que je dis, et ça l'intéresse beaucoup. Et si on avait eu Fernan à la place de Marañon ce nul...

AURELIA   Fernan s'en fout, il a ça tous les jours.

FERNAN   Ça ne me gêne pas.

MARIANO   Ça ne le gêne pas.

NURIA   Mais ça ne le passionne pas non plus.

MARIANO   Vous savez pourquoi on ne vous vire pas Fernan ? Je ne parle pas de vous mais de vos congénères. Vous savez à quoi vous devez votre maintien ? Alors que vous êtes révocable *ad nutum* ? À notre inertie. Les hommes sont inertes. Vous devez votre pérennité non à la satisfaction mais à l'inertie des hommes. C'est pourquoi vous êtes des tocards et des lâches. Vous devriez réfléchir à cette position existentielle. Vivre selon l'inertie.

AURELIA   Qu'est-ce qui t'arrive, tu es ivre mort ?

PILAR   Mariano, qu'est-ce qui se passe, pourquoi tu bois comme ça ?

MARIANO   Dès que quelqu'un quitte la position feutrée, il boit !

AURELIA   Il boit. Et maintenant il boit au grand jour.

PILAR   Tu bois Mariano ? !

NURIA   Maman s'il te plaît.

AURELIA   Excuse-toi.

MARIANO   Fernan sait que je ne parle pas de lui.

FERNAN   D'abord je ne le prends pas personnellement, et en outre je suis d'accord. Je suis le premier à condamner l'inertie de la clientèle, une inertie à deux volets cependant Mariano, car tout aussi navrante est la non-manifestation du client satisfait. Le client satisfait n'avouera jamais qu'il est satisfait. Alors qu'il pourrait nous servir de gouvernail, et nous tirer vers le meilleur en définitive.

MARIANO   Présentez-moi le client satisfait Fernan. J'aimerais rencontrer ce garçon.

PILAR   Eh bien moi. Moi Mariano. Tu as devant toi la cliente satisfaite. C'est ainsi que nous avons lié connaissance. Nuria, au fait, as-tu apporté les robes chérie ?

NURIA   Oui.

PILAR   Montre, montre.

NURIA   Il faut les voir sur moi. Ça n'a pas d'intérêt de les voir comme ça.

PILAR   Passe-les.

NURIA   Maintenant ?

PILAR   Elle doit choisir sa robe pour les Goya. Elle hésite entre deux. Oui c'est amusant, on va t'aider.

AURELIA, *tandis que Nuria sort*   D'où vient ce cake maman ?

PILAR   C'est un petit *Frudesa*.

AURELIA   Tu as deux boulangeries dans la rue et tu achètes un surgelé.

PILAR   La vérité c'est que je voulais le faire moi-même et que je n'ai pas eu le temps. Il n'est pas bon ?

AURELIA   Infâme.

PILAR   Tu l'as goûté Fernan ?

FERNAN, *goûtant*   Je préfère ton *Brazo de gitano*.

PILAR   Je n'ai pas eu le temps. Je n'ai le temps de rien ces temps-ci.

AURELIA   Mais qu'est-ce que tu fais ?

PILAR   Je n'arrête pas. Je m'occupe de la maison. Je couds. Je m'occupe de ta fille. Je vois mon fiancé. Je m'occupe de mes amies. Ce matin, Cristina m'a appelée pour m'inviter à sa journée d'amitié, maintenant on dit journée d'amitié car vente de charité est devenu trop péjoratif, je me dis il faut absolument acheter quelque chose à Cri-cri qui s'est échinée toute l'année pour faire le bien. En général, elle vend des vieilleries paysannes qu'elle récupère chez les morts de San Ignacio, tu peux trouver des choses amusantes, et même de vraies antiquités, la dernière fois elle avait un rouet…

AURELIA   On s'en fout maman, on s'en fout complètement, tu ne vas pas nous raconter en détail les journées de tes grenouilles de bénitier, quant à Lola, tu t'en occupes un seul jour par semaine, si ça te dérange, je peux tout à fait m'organiser autrement.

PILAR   Tu me demandes ce que je fais, je te réponds. Pourquoi tu es si nerveuse Aurelia ? Elle est terriblement nerveuse.

MARIANO   Elle est très nerveuse la pauvre.

Arrive Nuria dans la première robe.
Elle déambule.

MARIANO   Pour à cent pour cent.

NURIA   Ce silence m'inquiète.

MARIANO   Je suis enthousiasmé par cette tenue.

NURIA   Auri ?

AURELIA   Il faut que je voie l'autre.

MARIANO   Je t'accompagne. Si par extraordinaire tu es seule.

NURIA   J'y vais avec Gary Tilton.

PILAR   Il est toujours à Madrid ?

NURIA, *à Mariano*   Mais j'aurais accepté avec plaisir. Et Fernan ? Soyez franc Fernan. Votre avis compte par-dessus les autres puisque vous êtes la seule personne étrangère, le seul regard objectif en quelque sorte.

FERNAN   Alors vous tombez très mal Nuria ! Je n'y connais strictement rien, en matière de mode, surtout féminine, je suis zéro, votre maman le sait.

NURIA   Vous me trouvez belle ?

FERNAN   Belle, bien sûr, bien sûr.

NURIA   Je vais mettre l'autre.

Nuria sort.

AURELIA   C'est extravagant que tu suggères de l'accompagner !

MARIANO   Ah bon ?

PILAR   Tu crois qu'elle est avec Gary Tilton ?

AURELIA   Tu serais allé avec ma sœur à moitié à poil aux Goya ?

MARIANO   Où est le mal ?

PILAR   Un Gary Tilton ne reste pas en Espagne sans une bonne raison.

AURELIA   Maman, on se fout de Gary Tilton !

PILAR, *à Fernan*   Tu vois comment elle me traite.

AURELIA   Si tu veux savoir si elle est avec Gary Tilton, demande-lui, pourquoi tu me le demandes à moi ?

PILAR   On ne me dit jamais rien, je suis toujours la dernière informée.

AURELIA   Interroge-toi.

PILAR, *à Fernan*   Tu vois, tu vois.

AURELIA   Qu'est-ce qu'il voit ? Que voyez-vous Fernan ? Elle vous rend très antipathique vous savez.

FERNAN   Allons.

MARIANO   Un petit coup de champ' Fernan ?

FERNAN   Non merci, je suis heureux avec le thé.

PILAR   Personne ne touche à mon cake.

Arrive Nuria dans la deuxième robe.

Silence.
Nuria rit.

NURIA   Approbation générale.
Fernan, toujours pas d'avis ?

FERNAN   Celle-là est plus triste on dirait.

NURIA   Mariano ?

MARIANO   Il me semble… si j'ai la permission de m'exprimer… qu'une femme qui part à la fête dans cette robe va au-devant du chagrin, ou l'espère, ou s'y destine ardemment.

AURELIA   Quant à moi, si tu me demandes, je les trouve épouvantables l'une et l'autre.

PILAR   Pourquoi tu dis ça ? C'est méchant Auri.

AURELIA   Non.

PILAR   C'est moderne, c'est à la mode, elle peut tout à fait se le permettre.

AURELIA   Sûrement.

PILAR   Et si tu ne les aimes pas, tu peux le dire plus gentiment.

AURELIA   Il n'y a pas de bonne manière maman pour moi d'exprimer mon opinion, car, je ne peux pas critiquer ces robes hideuses sans qu'on pense aussitôt la pauvre Aurelia est jalouse, la pauvre Aurelia aurait aimé participer à la fête du cinéma au bras d'une vedette américaine, elle est aigrie et jalouse de sa sœur la pauvre, elle pour qui on va devoir se trimballer en banlieue pour applaudir une pièce bulgare à base de silence et de Mendelssohn, ne peut pas, il faut la comprendre, apprécier les élans néo-poétiques de son mari, ne peut pas voir avec légèreté l'originalité de ces robes et encore moins évaluer leur mélancolique sous-texte.
Voilà pourquoi, pardonne-moi Nuria, je te livre mon impression avec une brutalité indépendante de ma volonté.

FERNAN   Eh bien moi je ne vous trouve pas

aigrie, mais courageuse Aurelia, courageuse et généreuse. Je crois pour ma part Nuria, puisque vous m'avez invité à parler et qu'elle m'en donne à présent le courage, inutile de vous embarrasser de ces tenues. Elles affadissent votre personnalité. Je vous parle en spectateur, et en fan, vous n'avez aucun besoin de vous singulariser avec un vêtement.

PILAR   Ça me vexe que tu puisses penser qu'on ne se fait pas une joie de venir te voir au théâtre. Ça me vexe beaucoup.

FERNAN   On se fait une joie, c'est vrai. Grâce à vous, je renoue avec mes humanités.

NURIA   Elles sont hideuses ! Elle a raison ! Je hais ces robes, je les hais ! Je me suis laissé embobiner par l'attachée de presse cette conne, qu'est-ce que je vais faire ! Qu'est-ce que je vais mettre maintenant !

PILAR   Tu vas en trouver une autre chérie...

NURIA   Quand ? Quand ? un dimanche ? La soirée est foutue, c'est même pas la peine que j'y aille !

MARIANO   Moi je persiste à dire que la première...

NURIA   C'est normal, un type bourré aime les putes !

FERNAN   Quand a lieu cette cérémonie ?

AURELIA   Lundi soir.

FERNAN   On ne trouve pas une robe un lundi ?

NURIA   Non !

FERNAN, *à Pilar*   Pourquoi ?

NURIA   Parce qu'un lundi Fernan, pour que vous compreniez, c'est-à-dire au dernier moment, je vais trouver un pis-aller, une tenue bâtarde dans laquelle, alors que je m'expose devant toute l'Espagne, je vais me sentir moi-même bâtarde, par conséquent ma soirée est foutue quoi qu'il arrive, parce qu'une femme qui s'expose Fernan, devant l'Espagne entière, ne peut pas être inférieure à l'idée qu'elle se fait de son rayonnement !

Elle sort.

PILAR, *à Fernan*   Tu es rentré dans l'intimité d'une star. Tu découvres ce que c'est.

AURELIA   Il est assez grand maman peut-être pour se faire une idée personnelle de ce qu'il voit. Il n'a pas besoin d'une visite guidée.

FERNAN   Je ne vous trouve pas gentille avec votre maman. Je me mêle de ce qui ne me regarde pas mais je ne vous trouve pas très gentille avec votre maman.

AURELIA Je ne suis pas très gentille c'est vrai.

MARIANO Elle n'est gentille avec personne.

AURELIA Oh maman, tu ne vas pas pleurer c'est dément !

PILAR Je ne pleure pas.

AURELIA Pourquoi tu te mouches ?

PILAR Je me mouche parce que je me mouche.

AURELIA Je ne comprends pas qu'elle pleure, il n'y a aucune raison de pleurer.

MARIANO Elle ne pleure pas, elle se mouche. Tu vois bien qu'elle se mouche. Vous vous mouchez Pilar. Bon, voilà, elle se mouche.

Aurelia sort, excédée.

XVI. *Confession imaginaire*

ACTRICE (qui joue Pilar)
Le metteur en scène déteste quand je dis, et moi je fais quoi à ce moment-là,

il dit, ne dites pas je fais quoi, je vais où,
comment dois-je réagir,
il dit, c'est vous l'actrice, c'est vous qui avez
appris ce métier, ce n'est pas moi,
il dit, faites, proposez, nous gardons, nous jetons,
alors je ne pose plus de questions, mais parfois il arrive que je ne me souvienne plus des inflexions de la vie,
dans la vie aussi on ne sait pas toujours comment il faut vivre,
où il faut se mettre,
s'il faut regarder bien en face,
ou se tenir de façon provisoire et incertaine,
dans la vie aussi il n'est pas facile de laisser les choses venir à soi,
sans se défendre,
par avance,
d'un faux pas.

XVII. Pièce espagnole

Fernan, Mariano.
Quelque part chez Pilar. Un balcon peut-être.
Ils fument des petits cigares, au vent.

FERNAN   L'important est de ne pas se laisser entraîner dans la spirale passionnelle. De deux choses l'une, du point de vue de son état juridique, ou bien le mur appartient en totalité à la voisine, ou bien il est à cheval sur la limite séparatrice des deux fonds. Cette question permet de trancher. Dans le premier cas, la voisine doit supporter l'entretien du mur en totalité et si elle peut prouver que le lierre dégrade son mur, elle peut demander des dommages et intérêts. Si le mur est mitoyen, à mon avis il ne l'est pas, sur des constructions anciennes il est extrêmement difficile de prouver la mitoyenneté, l'entretien du mur et son ornementation sont partagés à cinquante cinquante entre les deux propriétaires, auquel cas naturellement l'affaire du lierre est plus complexe. En ce qui concerne l'entretien de la cour par le prothésiste, toujours sur le plan juridique : d'abord, la cour en soi demeurera toujours une partie commune, elle n'est pas devenue privative à l'usage du prothésiste, il s'agit d'une *délégation* de l'assemblée générale, au profit du prothésiste d'entretenir et d'orner une partie commune. Est-ce que cette initiative a été retranscrite quelque part dans un procès-verbal *sous forme de décision* ? Si c'est le cas, le syndic ne fait qu'appliquer la décision de l'assemblée, ce type de délégation n'ayant aucun caractère définitif, l'assemblée générale, si elle n'apprécie pas le travail du prothésiste peut lui retirer la délégation. En revanche, mais vous n'avez pas présenté l'affaire sous cet angle, de sorte que mon confrère me paraît injustement accusé, car je le répète, et c'est une chose que je claironne plus ou moins dans le vide depuis des années, le syndic ne fait qu'*appliquer* les décisions de l'assemblée, si le syndic s'était mis d'accord ou avait laissé faire le prothésiste sans consulter l'assemblée générale, il aurait en effet outrepassé ses pouvoirs.

MARIANO   Naturellement.

FERNAN   En gros, virez-moi ce Piño...

MARIANO   Pepiñolé.

FERNAN   Ce Pepiñolé a pris la grosse tête, il se croit, sous prétexte de rez-de-chaussée – vous savez que c'est une chose très courante que le copropriétaire du rez-de-chaussée s'annexe psychiquement la cour, le plain-pied est à l'origine de dérive mentale c'est connu – ce Pepiñolé se croit indélogeable et seul maître à bord, comme son refus des rhododendrons l'atteste, il veut nous punir d'avoir contesté son hégémonie, il se drape, il veut nous faire un jardin à la Hitler, virons-le.

MARIANO   Virons-le. *(Ils fument tranquillement.)* Vous êtes veuf depuis longtemps ?

FERNAN   Trois ans.

MARIANO   Et Pilar ? Je veux dire...

FERNAN   Depuis deux mois. Mais nous nous connaissions, par l'immeuble.

MARIANO   Et comment... Enfin je ne veux pas être indiscret...

FERNAN   Non, non, non. Comment ?... Une de ces petites péripéties qui prennent des allures de fatalité, le tapis de l'escalier commun était déchiré sur l'arête d'une marche, nous avions beau le recoudre, il se déchirait régulièrement, il se trouve que Pilar est la seule de l'immeuble à marcher avec des talons hauts par conséquent la plus à même de se prendre dedans et tomber, je suis venu, à sa demande, constater la dégradation, elle m'a invité à prendre un petit café, nous avons pris date pour un dîner... On me disait un veuf de ton âge a la vie devant lui, tes enfants sont grands, je pensais quelle vie ? Je n'ai plus rien à défendre, plus rien à construire, et puis cette femme est arrivée, je me suis assis chez elle, elle m'a fait à manger, elle m'a fait une piperade de poivrons grillés, un demi-cochonnet rôti avec une purée de pommes de terre, un roulé à l'ananas...

XVIII. Pièce espagnole

Nuria, Aurelia.
Quelque part chez Pilar. Dans la cuisine peut-être.

AURELIA   Ce couple me dégoûte. Je les trouve malsains. Il a l'air d'être son fils. Il va prendre sa défense en permanence maintenant ?

NURIA   Et il donne son avis, comme si on lui demandait son avis !

AURELIA   Tu lui as demandé.

NURIA   Par politesse. Je n'attends pas qu'il me donne réellement son avis. Je trouve ça dingue qu'il ose me donner son avis et pas seulement son avis, tu as remarqué, il me prodigue ses conseils ! Quelle calamité ces robes, si je pouvais les déchiqueter mais elles valent des fortunes, tu crois que je peux remettre la mauve que j'avais à Cannes et que tout le monde a vue, au moins je suis belle, tu me trouves belle en ce moment, tu ne trouves pas que j'ai pris un coup de bambou d'un coup, tu sais que le coup de bambou c'est d'un coup ?

AURELIA   Tu es très belle, moi par contre j'ai découvert une chose terrifiante, mes joues n'ont plus aucune densité, quand j'embrasse Lola c'est ferme, c'est dense, ça résiste, moi touche, tu vois, il n'y a plus rien, c'est fini, c'est mou.

NURIA   Moi aussi !

AURELIA   Ah oui toi aussi, mais moins que moi, je ne sais pas ce qu'on peut faire, il est d'un ennui, tu me diras elle aussi, elle minaude, elle m'exaspère, elle se fait passer pour une martyre apparemment.

NURIA   Elle lui raconte tout sur nous, elle lui parle de nous jour et nuit, Cristal est enceinte.

AURELIA   Cristal est enceinte !

NURIA   Elle me l'a dit hier au téléphone.

AURELIA   Mais de qui ?

NURIA   D'Anibal ! De qui veux-tu ?

AURELIA   Tu n'es pas au courant.

NURIA   Non.

AURELIA   Elle a un amant.

NURIA   Cristal !

AURELIA   Enfin je crois que c'est fini, ça a duré deux jours, elle est enceinte la pauvre ?

NURIA   Elle avait l'air contente.

AURELIA   Elle en a déjà deux.

NURIA   Elle en aura trois.

AURELIA   Maman le sait ?

NURIA   Non. Pourquoi ça n'a duré que deux jours ?

AURELIA   Le type était fou amoureux, ne mangeait plus, ne dormait plus, et ne voulait pas souffrir.

NURIA   Fou amoureux, en deux jours, de Cristal…

AURELIA   Comme quoi.
Et toi ? Gary Tilton ?…

NURIA   Je ne peux pas en parler.

AURELIA   Tu es amoureuse ?

NURIA   Je ne peux rien dire.

AURELIA   En résumé, tout le monde s'amuse, sauf moi.

XIX. *Interview imaginaire*

ACTEUR (qui joue Mariano)
Dans un entretien que j'ai lu,
Wilhelm Bolochinsky dit que les acteurs ne sont pas des artistes
pour la bonne raison que les acteurs ont la folie de la séduction, qui est une folie radicalement contraire à toute forme d'art,

toute forme d'art entravé par le désir de séduction est à jeter aux ordures,
ne peut même pas, selon Bolochinsky, prendre le nom d'art, un mot de toute façon spolié de façon quasi définitive.
Cette folie de la séduction qu'on dirait, dit Bolochinsky, inhérente à la nature de l'acteur, le précipite dans les bras du spectateur, son pire ennemi, quelquefois de la façon la plus éblouissante, il est vrai,
tellement éblouissante, dit-il, qu'elle peut donner le *la* de l'œuvre,
entraîner une génération entière sur une fausse piste, et réduire à néant, dit-il, la tonalité d'origine.
Aussitôt que le spectateur, dont on se plaît à ne jamais rien dire,
mais qui doit être attaqué de front,
et de la façon la plus virulente,
dit Bolochinsky,
pénètre dans la salle pour affirmer sa légitimité, il ne fait que dégrader l'interprète,
l'avilit au rang de partenaire,
l'acteur et le spectateur sont main dans la main, comme si l'artiste, toujours Bolochinsky, pouvait être main dans la main avec qui que ce soit,
l'artiste est contre,
et contre ceux qui sont contre,
contre le spectateur qui est contre aussi évidemment,
alors j'ai pris ma plume et j'ai écrit,

monsieur Bolochinsky,
l'acteur qui rédige ces lignes, se fout comme de
l'an quarante d'être considéré comme un artiste,
vos valeurs l'emmerdent et vos leçons aussi,
veuillez je vous prie, ne pas nous restreindre à
une définition, fût-elle à vos yeux prestigieuse,
nous ne voulons aucun mot pour exister,
nous n'existons pas,
ayez l'amabilité de penser à nous comme à des
êtres égoïstes,
inconstants,
veules,
des vides ambulants,
des riens.
En vous remerciant.

XX. *Pièce espagnole*

Mariano et Aurelia. Chez eux.
Mariano, assis, tient la brochure fermée de la pièce bulgare.
Aurelia est debout.

AURELIA   Lui est assis au piano, et moi je suis debout, je regarde par la fenêtre. Après je me déplace, toi tu ne bouges pas. *(Aurelia se tourne, comme si elle regardait par une fenêtre opposée à la salle. Un temps.) Rien de sentimental, monsieur Kiš. Jamais. Ne rien laisser traîner de sentimental dans le jeu et dans la sonorité. Nous sommes déjà en fa mineur qui est la tonalité de la Troisième Sonate opus 5 de Brahms, de la Quatrième Ballade de Chopin avec sa coda finale que Neuhaus définit comme la « catastrophe de la passion », la tonalité de l'opus 57 de Beethoven et surtout, rappelez-vous, celle de la Sonate pour violon et piano de Bach que vous m'avez dit aimer par-dessus les autres. La passion va de pair avec la pureté et la retenue. Elle ne raconte pas une histoire, c'est un éclat sombre, une fatalité. Ce n'est même pas un sentiment, monsieur Kiš, ou alors un sentiment inaugural qu'on ne peut pas réduire à des accents romantiques. Jouez sans créer d'événements autres que la musique. Exactitude et authenticité. Arrêtez-moi, s'il vous plaît, si je vous ennuie, je vous parle comme si vous étiez un interprète de talent, alors que vous êtes le pire élève que j'aie jamais eu, vous riez, je continue, ne donnez pas l'impression qu'il y a un début et une fin, rentrez dans le Prélude comme si vous formuliez tout haut, et parce qu'il vous est impossible de le taire, ce qui est déjà, ignorez où vous allez, n'allez nulle part qui existe, rien ne va jusqu'au bout monsieur Kiš, aucune œuvre ne va jusqu'au bout, les œuvres s'interrompent, il n'y a pas de fin possible, même la mort ne finit rien, la mort n'est qu'une péripétie, qui ne finit rien, ne clôt rien, on ne va jamais jusqu'au bout, jusqu'au bout de quoi ? (Après un silence :)* Tu me trouves comment ?

MARIANO   Bien.

AURELIA   Est-ce qu'on sent...

Un temps.

MARIANO   Quoi ?

AURELIA   ... Une douleur ? Quelque chose qu'elle ne peut nommer autrement ?

MARIANO   Oui...

AURELIA   Sans plus ?

MARIANO   Je ne sais pas. Tu es là de dos, après tu es là, derrière, je ne te vois pas.

AURELIA   On ne parle pas comme ça à un élève, ce n'est pas un cours, c'est une confidence, très haute, les mots dévoilent d'autres mots, si on ne le sent pas...

MARIANO   Refais-le. *(Un temps. Elle le rejoue entièrement, de face, sans bouger. À la fin :)* Excellent.

AURELIA   Comment ça excellent, ça doit être bouleversant !

MARIANO   Oui, bouleversant, excellent, c'est la même chose.

AURELIA   Non, ce n'est pas du tout la même chose, ça n'a rien à voir !

MARIANO   Écoute Aurelia tu me fatigues, tout ça me fatigue, et si j'étais ce Kiš, je me serais tiré depuis longtemps !

AURELIA   Pourquoi tu n'es pas plus rassurant, pourquoi tu n'es jamais rassurant ?

MARIANO   Parce que je ne peux pas être rassurant. Je ne peux pas être un homme rassurant.

Elle reste debout, désorientée.
Ils restent un long temps tous les deux, en silence.

XXI. *Pièce espagnole*

Fernan et Pilar.
Dehors. Ils marchent.

PILAR   Elles se fichent des mariages, des communions, elles se fichent des anniversaires, on fête celui de Lola parce que c'est une enfant, Cristal m'appelle le jour de *la Pilariqua*, c'est la seule, les autres pas un petit coucou, pas un petit bouquet, Cristal est la plus normale sauf qu'elle vit dans la ville où habite son père avec sa nouvelle femme et ses nouveaux enfants qui ont le même âge que les siens, les autres ne jettent même plus un œil sur le calendrier, elles se fichent de Noël, elles se fichent de tout. Tu te fiches de Noël toi Fernan ? Tes enfants s'en fichent ?

FERNAN Nous avons toujours tous aimé Noël.

PILAR Voilà. Moi aussi. J'adore Noël, j'ai toujours adoré Noël. Je n'ai plus de Noël, Fernan, depuis des années.

FERNAN Tu en auras un cette année.

PILAR Quand elles étaient petites, je leur faisais des Noël ! Je les amenais au salon, on les coiffait avec des rubans, je te montrerai les albums, on gardait la crèche la moitié de l'hiver tellement elle était réussie, chaque année avec des éléments nouveaux, les voisins sonnaient pour la voir. On ne transmet pas les choses. On ne transmet rien.

FERNAN Chacun a sa vie.

PILAR Ma vie c'est toi maintenant. Je marche dans le parc avec ma nouvelle vie.

FERNAN Oui.

PILAR Je venais dans le temps avec les enfants. Je m'asseyais sous le hêtre d'Orient. Je suis contente que les arbres me voient pas-

ser avec toi, tout ce que j'ai connu sans toi, ces arbres, ces allées, me voient passer à ton bras.
Je suis si contente d'être avec toi, au grand jour.

XXII. *Entretien imaginaire*

ACTRICE (qui joue Nuria)
Ne trouvez-vous pas, Olmo,
ai-je dit à Olmo Panero, dans le café où nous nous retrouvons après la répétition,
que je manque d'insolence ?
Dans la première robe des Goya, j'aimerais apparaître avec insolence,
comme les actrices américaines autrefois dans les cabarets, quand elles jouaient des gitanes ou des poules mexicaines,
cette morgue du corps que vous avez vous les Espagnols,
je manque d'abattage,
je manque d'impudeur,
je suis gentillette, sans surprise,
je suis la comédienne honnête qu'on engage les yeux fermés.
Vous ne répondez pas,
votre silence, ai-je dit à Olmo, peut signifier deux choses :

ou bien vous ne comprenez pas le français,
vous hochez pour donner le change mais vous ne comprenez rien à ce qu'on vous dit
(je penche pour cette interprétation),
ou bien vous partagez mon analyse,
vous la partagez tellement que vous n'avez même pas la force d'opposer une résistance de pure forme.
Toutefois, ai-je ajouté,
laisser une femme se dénigrer sans la contredire, traduit un curieux manque de savoir-vivre chez un homme qui vient d'un pays où,
il y a peu,
vous jetiez vos capes dans les caniveaux pour que nous puissions traverser les rues sans nous mouiller les pieds.

XXIII. *Pièce espagnole*

Fernan et Mariano.
Au balcon. (Même situation que XVII)

MARIANO   Le théâtre, non. La littérature classique, oui. Je me détruis quand je ne bois pas. Et non le contraire. Je bois pour ne pas me détruire. Boire me tient ensemble, voyez-vous.

Boire me colmate. Les classiques, oui. Le mot juste. La phrase qui ne peut pas être remplacée par une autre, oui. Ça n'existe plus aujourd'hui. Les maths non plus. L'arithmétique, la géométrie élémentaire n'existent plus. Les gosses ont les calculatrices, ils apprennent les recettes types. L'exercice de la pensée, terminé. La recherche de l'exactitude, l'élégance, la clarté de l'expression, c'est mort tout ça. Jusqu'à l'âge de dix-huit ans, je voulais être moine. Ma femme ne réussit pas à *percer* dans son métier, comme on dit. Est-ce qu'elle a du talent ? Je ne sais pas. Je ne sais pas, à vrai dire, si elle a le moindre talent. C'est possible. Sa sœur, qui a commencé après, a eu un succès immédiat. À sa place j'aurais arrêté. Elle continue. Elle s'acharne. Qu'est-ce que je peux faire ? Elle est neurasthénique. Elle a voulu refaire l'appartement. Les femmes veulent changer les choses, on ne sait pas pourquoi. Elle s'occupe de la maison comme une femme neurasthénique. Elle me reproche de ne pas être riche, de vieillir sinistrement, elle crie, la petite se bouche les oreilles.

Fernan ne dit rien.
Ils terminent leur cigare.

XXIV. *Pièce espagnole*

Pilar, Nuria, Aurelia.
Chez Pilar. (Même situation que XIII et XV.)

Pilar arrive et pose une assiette de biscuits.

PILAR   Cristal est enceinte !

AURELIA   Tu n'aurais pas un pot d'eau chaude, le thé est complètement noir ?

PILAR   Si tu préfères que je me tienne en cuisine et que je ne réapparaisse pas, il faut me le dire.

AURELIA   Je ne sais pas où tu mets les choses, pourquoi tu te vexes ?

PILAR   Je ne me vexe pas, on ne me dit jamais rien, je suis toujours la dernière informée, de toute façon j'ai une nouvelle politique maintenant, je ne demande plus rien, je ne m'immisce plus, je suis juste surprise que Cristal, qui est la plus normale de vous trois ne m'ait rien dit, mais finalement plus rien ne me surprend.

NURIA   Tu ne veux même pas savoir comment on le trouve ?

PILAR   Comment vous trouvez qui ?

Une pièce espagnole

AURELIA   Fernan maman. Ton fiancé.

PILAR   Je ne veux rien savoir. Ce que vous pensez ne m'intéresse pas. Et ne parlez pas si fort, il est à côté.

NURIA   On le trouve sexy.

AURELIA   Oui.

PILAR   Votre avis ne m'intéresse pas.

NURIA   Il ne fait pas tellement plus jeune que toi.

AURELIA   Non.

PILAR   Ça m'est complètement égal.

NURIA   Peut-être pourrait-il se coiffer légèrement...

AURELIA   Plus en arrière... Je vais mettre de l'eau à bouillir.

Elle sort en riant.

PILAR   Elle est enceinte depuis combien de temps ?

NURIA   Deux mois... Environ.

PILAR   Tu devrais mettre ta robe mauve de Cannes.

NURIA   Je trouverai maman, ne t'inquiète pas.

PILAR   Ce n'est pas grave de mettre la même robe deux fois, Sharon Stone le fait.

NURIA   Je verrai maman.

PILAR   Et laisse tes cheveux. Je suis sûre que Gary te préfère avec tes cheveux longs.

NURIA   Pourquoi tu dis Gary maman ? Tu ne le connais pas ! Pourquoi tu dis Gary !

PILAR   Je suis imperméable. Crie.

NURIA   Tu ne connais pas Gary Tilton ! Pourquoi tu dis Gary !

AURELIA, *revenant avec un pot d'eau chaude*   Elle dit Gary ?

PILAR   Je dis Gary, et si ça ne vous plaît pas c'est le même prix ! C'est un crime de dire Gary ?

AURELIA   Tu veux encore du thé maman ? Ne prends pas cette tête de victime, c'est infernal cette tête.

PILAR   Quand ta fille a fait la soupe de terre chez Pepo, tu étais au bord des larmes.

AURELIA   Quel rapport ?

PILAR   Elle t'a mis au bord des larmes à trois ans en te répondant, alors tu verras plus tard !

NURIA	Tu as rencontré ses enfants ?
PILAR	Quels enfants ?
NURIA	Les enfants de Fernan !
PILAR	Le fils. Qui est charmant.
AURELIA	Pas la fille ?
PILAR	Pas encore.
NURIA	Il fait quoi le fils ?
PILAR	Ça ne te regarde pas.
NURIA	Ah bon ?

PILAR   Ça ne te regarde pas. Vous, il faut chuchoter votre vie, moi je dois étaler la mienne. Eh bien non tu vois.

AURELIA	Il est facteur.
NURIA	Il est facteur ?
PILAR	Pensez ce que vous voulez.
AURELIA	Maman c'est grotesque, tu me l'as dit.
NURIA	Facteur, j'aime beaucoup.
PILAR	Il n'est absolument pas facteur.
NURIA	Qu'est-ce qu'il est ?
PILAR	En tout cas pas facteur.

NURIA   C'est dommage.

PILAR   Si tu le dis.

AURELIA   Qu'est-ce qu'elle est chiante !

PILAR   De qui tu parles ? Tu parles de moi !

AURELIA   Oui, tu es chiante maman ! *(Pilar gifle Aurelia.)* Elle est complètement hystérique !

PILAR   Moins que toi.

NURIA   Bon, moi ces scènes me tuent, je m'en vais ! Je viens ici trois fois par an et trois fois par an il y a un drame !

AURELIA   Tu la laisses me gifler sans prendre ma défense ? Casse-toi !

NURIA   Pour moi vous êtes folles toutes les deux.

Arrivent Mariano et Fernan.

MARIANO   Qu'est-ce qui se passe ?

FERNAN   Qu'est-ce qui se passe Pili ?

MARIANO, *à Nuria*   Tu pars ?

PILAR   Elles me traitent mal Fernan.

AURELIA   Elle m'a giflée.

NURIA   Avoue que tu le cherches maman aussi.

PILAR   Mes filles me traînent dans la boue.

MARIANO   Elle t'a giflée pourquoi ?

AURELIA   Qu'est-ce que ça peut faire ? Ça ne te suffit pas qu'à quarante ans passés, je sois giflée par ma mère ?

NURIA   Elle lui a dit qu'elle était chiante.

PILAR   Elle a dit, qu'est-ce qu'elle est chiante.

FERNAN   Vous ne pouvez pas parler comme ça à votre maman. Elle n'a pas votre âge, c'est votre maman.

AURELIA   Vous avez raison Fernan, mais pour moi elle n'a pas d'âge, d'ailleurs elle s'applique à ne pas avoir d'âge.

FERNAN   Et elle réussit très bien. Tu réussis très bien ma Pili.

NURIA   Excusez-moi Fernan, c'est assez gênant ces effusions devant nous.

AURELIA   Au moins, il prend sa défense.

MARIANO   Contrairement à ton mari, qui en profite pour s'en jeter un énième. *(À Nuria :)* Reste, s'il te plaît.

AURELIA   Personne ne me protège jamais.

MARIANO   Pourquoi veux-tu être protégée ? Qui est protégé ? Ça n'existe pas ça.

FERNAN   Je tiens à dire, je tiens à dire que je n'ai pas l'intention de me réfréner en quoi que ce soit, je veux être moi-même avec Pilar, y compris me comporter en tourtereau si l'envie m'en prend, l'horizon est trop court dorénavant pour que je m'emmerde avec le conformisme.

MARIANO   Évidemment !

AURELIA   Évidemment quoi ?

PILAR, *à Fernan*   Cristal est enceinte.

MARIANO   Cristal est enceinte ? De son amant ?

PILAR   De son amant ! Elle a un amant ?

AURELIA, *à Mariano*   Bravo.

PILAR   Cristal a un amant ?

NURIA   Mais non.

PILAR   Mariano, j'exige la vérité.

MARIANO   Je plaisantais.

PILAR   Elle t'a dit bravo, donc c'est vrai, ne me prenez pas pour une gourde.

AURELIA   Cristal a pris un amant, et on ne sait pas de qui est l'enfant.

PILAR   Je suis damnée.

NURIA   Quand on voit les enfants qu'elle a faits avec Anibal, remarque.

MARIANO   C'est vrai !

AURELIA   Ils sont très beaux.

PILAR   Très beaux.

NURIA   C'est bizarre cette manie de trouver tous les enfants beaux, il y en a des laids.

PILAR   Les enfants de Cristal sont beaux.

NURIA   Les enfants de Cristal sont laids. Ils sont gros, ils ont le nez aplati d'Anibal.

MARIANO   Et son haleine.

Nuria rit.

PILAR   C'est très déplacé Mariano.

AURELIA   Oui, c'est vraiment déplacé.

MARIANO   C'est déplacé. Pardon Fernan.

PILAR   Tu ne dis plus rien mon chéri.

MARIANO   Il est atterré par nous.

PILAR   Il y a de quoi. Je suis atterrée moi aussi.

FERNAN   Je suis triste. Tout ça est triste. Je trouve triste que votre sœur ait un amant. Je suis triste que les choses aient si peu de consistance. Le temps file au jour le jour, on peut se moquer de tout. Je suis encore de la vieille école.

AURELIA   Vous n'êtes pas de la vieille école Fernan, vous êtes d'une école enviable qui suppose que l'existence mène quelque part, vous êtes mal tombé chez nous.

MARIANO   Chez nous, elle dit chez nous, quel chez nous ? Comme si le pauvre garçon s'embarquait pour un enchaînement de raouts familiaux. Nous nous voyons dans cette configuration deux fois par an Fernan, la réunion d'aujourd'hui, en votre honneur, même pas deux fois par an, vous n'avez absolument pas à vous en faire.

PILAR, *à Fernan*   Je te l'avais dit.

FERNAN   Vous ne fêtez même pas Noël je sais.

NURIA   Ni Noël, ni rien. Nous ne savons pas créer une atmosphère de fête, chez nous, il a raison relativisons le chez nous, ce qu'on appelle une fête vire aussitôt à la catastrophe, nous sommes des gens d'une grande nervosité vous l'avez noté, nous sommes vite exaspérés, n'importe quoi peut nous exaspérer, même une guirlande, même un cake surgelé, nous ne sommes pas assez heureux peut-être d'une façon générale pour nous tenir gaiement ensemble, nous ne savons pas créer une atmosphère légère, nous ne savons pas nous détendre, nous ne connaissons pas ce mot, nous n'avons jamais été *détendus,* je veux dire lorsque nous sommes ensemble, en famille, il n'y a aucun repos, on finit toujours exténués, à bout, je suis complètement à bout par exemple, et tout le monde est à bout ici, même vous, c'est évident vous êtes à bout Fernan, et pourtant ce n'est pas votre nature, vous êtes venu gentiment nous rencontrer mais nous n'avons pas su maintenir les apparences les plus élémentaires, nous ne savons même pas maintenir les apparences parce que nous ne sommes pas assez heureux sans doute quand nous arrivons, pour maintenir les apparences les plus élémentaires, on s'en fout.

Silence.
Nuria ramasse ses affaires pour partir.

MARIANO   Reste, reste encore un peu, je t'en prie.

AURELIA   Pourquoi veux-tu qu'elle reste ? Si elle veut partir, laisse-la partir.

MARIANO   On ne va pas laisser cette bouteille toute seule, ouvrons cette bouteille, non ?

NURIA   Vas-y.

AURELIA   Tu as des copies à corriger ce soir Mariano.

MARIANO   Et alors ? Tu conduiras, je dormirai un peu dans la voiture et je serai impeccable en arrivant.

FERNAN   Où habitez-vous ?

AURELIA   Santafina.

FERNAN   C'est joli par là.

MARIANO   C'est horrible. Avant, c'était pauvre et beau. Maintenant c'est pauvre et laid. Maintenant que les pauvres deviennent un peu riches.

Il débouche le champagne et remplit les verres.

PILAR   Pas moi.

AURELIA   Ni moi !

Nuria, Fernan et Mariano boivent.
Pilar et Aurelia restent drapées dans l'hostilité.

FERNAN   Vous n'êtes pas heureuse Nuria, avec le succès que vous avez ? *(Nuria rit.)* Je dis une bêtise ?

PILAR   Tu ne dis pas une bêtise.

FERNAN   Je vois bien que je dis une bêtise.

NURIA, *riant*   Non !…

FERNAN   Je dis une bêtise sûrement, mais je n'ai aucun contact avec ce monde, je ne connais pas les vedettes, enfin je veux dire les artistes, vous devez le comprendre…

AURELIA   Vous n'avez pas à vous justifier Fernan !

FERNAN   Les gens comme moi nous apprécions le succès voyez-vous, nous le considérons comme une gratification, même si en avançant en âge et en expérience on finit quand même par être blindé, on n'a jamais envie de perdre la partie, en vingt ans voyez-vous Nuria, mettons, je ne compare pas naturellement mais un tailleur parle de ses ciseaux, sur une cinquantaine d'immeubles dont j'avais la charge, j'ai dû en perdre trois, ce qui n'est rien compte tenu du cours de la vie et de l'usure du pouvoir, à chaque réélection j'ai été, j'ose le dire, *heureux* d'être reconduit, on ne peut pas imaginer le contraire, il n'y a pas que la dimension économique, il y a la dimension personnelle, comme chez vous, toute proportion gardée, je n'ai pas la folie de comparer votre succès et le nôtre, j'ai toujours été heureux d'être plébiscité par la clientèle, savez-vous que le mandat électif du syndic est le plus court de tous les mandats électifs en Espagne, chaque année le syndic remet en jeu son mandat et ses honoraires, s'il n'est pas réélu, il perd un client, de l'argent, la confiance du patron, la face, vous savez il n'y a rien que les gens détestent plus que d'ouvrir leur porte-monnaie, déjà pour les affaires courantes a fortiori pour honorer leur syndic, dans notre métier la concurrence est farouche, combien préfèrent sous-payer leur syndic et renoncer à la qualité de la prestation, il n'est pas facile de faire admettre le rapport qualité prix, être réélu c'est avoir enjambé tous les obstacles, même l'inertie voyez-vous Mariano, l'inertie de la clientèle que je considère personnellement comme un obstacle car l'inertie peut se retourner contre nous, regardez les hommes politiques, balayés par l'abstention, être réélu c'est avoir entretenu la confiance contre vents et marées, à la longue il n'y a pas de hasard, vous engagez votre vie dans une direction et on vous dit que cette direction est la bonne, que la place que vous avez choisi d'occuper parmi les hommes est juste, je vois là, pardonnez-moi, même si je ne compare pas, à la fois succès et consolation, succès et consolation mêlés, être reconnu pour ce qu'on veut être vous rend le monde moins hostile, je dis peut-être une bêtise mais on ne peut pas avoir tort d'être heureux, même pour pas grand-chose, pour une victoire minuscule, je ne compare pas, qui est quand même une victoire sur l'obscurité, l'inutilité, le temps qui passe et nous rejette dans le rien, Pili, vas-tu me gronder pour ce débordement ?

PILAR   Est-ce que j'ai été une mauvaise mère pour vous ?

AURELIA   Ah voilà, ça recommence, ça me reprend, Mariano, ça recommence !

MARIANO   Respire en quatre temps.

PILAR   Qu'est-ce qu'elle a ?

AURELIA   Je me dissous.

NURIA   Tu te dissous ?

MARIANO   Elle se dissout comme un cachet.

PILAR   Comment ça ?

AURELIA   Et après le sol se dérobe, je vais tomber, je vais tomber !

MARIANO   Respire, respire !

AURELIA   Le sol glisse !

MARIANO   Mais non !

AURELIA   Je me dissous !

NURIA   Tu ne te dissous pas !

AURELIA   Retiens-moi !

PILAR   Mais qu'est-ce qu'elle a ? C'est quoi ?

NURIA   Une crise d'angoisse maman !

PILAR   Une crise d'angoisse, pour quelle raison ?

NURIA   Peu importe !

AURELIA   Ma vie n'a aucun relief, aucun relief, le temps est vide...

MARIANO   Respire.

AURELIA   Regarde-toi mon pauvre amour, tu as une tête cadavérique, tu veux la paix, tu veux qu'on te foute la paix, tu n'aspires qu'à l'immobilité, notre appartement a coûté dix fois trop cher, je le hais, le sol glisse !...

NURIA   Je te tiens.

AURELIA   Tout est moche, les prises sont de travers, les éclairages, les peintures, le plancher, tout est moche ! On ne fait rien de bien, tout ce qu'on fait est raté et ne sert à rien, et le temps passe, pas seulement *passe* comme on dit avec cette fatalité mièvre, on dit le temps passe et je vois des feuilles mortes planant dans l'air, le monde se plie à cette amertume, et l'automne ! et l'hiver ! et le printemps ! moi le temps me fout en l'air, me démolit, le temps me démolit, il est trop tard, je ne ferai rien de ma vie.

FERNAN   Mais vous êtes jeune !

AURELIA   Non, non, non, je ne peux pas laisser dire que je suis jeune !

PILAR   Tu es quoi alors ? Qu'est-ce que tu es ? J'en ai assez d'entendre des idioties, vous allez finir par me rendre vraiment folle !

FERNAN   Pili, Pili.

PILAR   Elles vont finir par rendre folle une femme qui a toujours été la plus équilibrée !

NURIA, *à Fernan*   Si vous pouviez lui dire de ne pas tout ramener à elle.

AURELIA   J'ai une crise de panique et c'est elle qui devient folle !

PILAR   Oh Fernan ! C'est la pire après-midi possible, je suis si déçue que ça se passe comme ça !

MARIANO, *fouillant dans le sac d'Aurelia*   Il est enchanté, il échappe à l'ennui mortel, vous êtes au théâtre Fernan, vous qui aimez le théâtre, où est le valium ?

PILAR   Tu prends du valium ?

AURELIA   Je m'en gave.

Elle trouve dans son sac la boîte de valium.

MARIANO   Un joli petit couple. Un poivrot et une droguée.

NURIA   Et si tu laissais tomber l'ironie de temps en temps ? C'est tellement chiant cette autodérision permanente. Tiens, donne-m'en un aussi.

Elle avale le comprimé avec le champagne.

AURELIA   Ça passe. Ça tangue encore mais je ne me désintègre plus. Coupe-moi une tranche de cake.

MARIANO   Le cake infâme ?

AURELIA   Il faut que je mange. Il faut que j'ingère quelque chose. Ça y est, elle chiale.

FERNAN   Ça suffit maintenant ! Moi aussi je pourrais sortir de mes gonds !

AURELIA   Ne vous gênez pas, allez-y, sortez de vos gonds.

NURIA   Maman ne pleure pas, ne sois pas en sucre s'il te plaît !

FERNAN   Elle n'est pas en sucre, elle pleure parce que vous la faites pleurer, elle pleure de façon éminemment légitime si vous voulez mon avis, je ne comprends pas ce plaisir à blesser un être qui ne ferait pas de mal à une mouche.

NURIA   Il n'y a rien de pire que les gens qui ne feraient pas de mal à une mouche, les gens qui se prennent de pitié pour les inoffensifs peuvent au contraire vous faire le plus grand mal.

FERNAN   Quel mal elle vous fait ?

PILAR   Oui, quel mal je vous fais ?

Le portable de Nuria sonne dans son sac.

NURIA, *s'écartant pour parler à voix basse*   I'm coming, I'm leaving right now... I'll tell you... No... O.K. *(Après un silence où elle ramasse à nouveau ses affaires ; à Pilar :)* Je ne crois pas qu'on puisse répondre à cette question...

XXV. *Interview imaginaire*

ACTRICE (qui joue Nuria)
À la fin, Sonia Alexandrovna dit à l'homme qui ne la regarde même pas,
mais quand nous reverrons-nous ?

l'homme répond, pas avant l'été, je pense,
en hiver, ce ne sera guère possible...
L'homme habite, j'imagine, de l'autre côté de
la forêt,
en hiver,
en ce temps-là,
il y a le froid, la neige, les nuits infranchissables.
Alors,
pense-t-elle,
je verrai seule les fleurs sur les branches des
amandiers,
et puis je verrai seule les fleurs voler et blanchir
le sol.
Un homme quitte la scène et s'en va pour une
longue étendue de temps.
Et celui qui reste,
reste pour une longue étendue de temps.
Quand je prenais des cours de théâtre, on nous
disait, tu es une pomme, tu es le vent, tu es le
rire,
c'était il y a longtemps,
je ne me posais pas de question,
je faisais la chaise, l'eau, le moustique,
je faisais le rouge, le jaune,
le près,
le loin,
je pouvais aussi faire tu existes
et tu n'existes pas,
je pouvais ne plus rien aimer et faire l'aridité
du monde...

On trouve cette phrase dans une lettre de Tchékhov à Olga Knipper : tu es d'une froideur infernale, comme, en fait, doit l'être une actrice.

XXVI. *Pièce espagnole*

Dehors. Dans le parc.
Pilar et Fernan, sur un banc.

PILAR Je croise Feta Nannini, dans la queue de la boulangerie, qui me félicite, la boulangère me félicite, je vais chercher mon linge chez Tuya qui me félicite, partout on me félicite. Tuya me dit, je savais que Nuria aurait le prix. Qu'est-ce qu'elle peut savoir ? Qu'est-ce qu'elle connaît au cinéma ? Les gens s'accaparent les événements. J'ai dit vous avez de la chance Tuya parce que nous on ne savait rien du tout. Tout le monde me demande si elle est avec Gary Tilton, je réponds que je n'ai pas le droit de le dire, ça fait plus au courant. Pourquoi ça doit rester un tel mystère ? Je devrais être heureuse et je ne suis pas heureuse. Cristal a trouvé qu'elle n'aurait pas dû remettre la robe de Cannes et qu'elle était trop maquillée, venant de Cristal ça ne veut rien dire, remarque si elle a un amant peut-être qu'elle s'arrange un peu, elle m'a annoncé qu'elle était enceinte, je n'ai pas dit que je le savais mais j'ai failli demander de qui, figure-toi. Aucune nouvelle d'Aurelia. Tu leur sacrifies la plus grande partie de ta vie et un jour tu n'es plus personne, mais vraiment plus personne. Tu me trouves encore belle ? Je sais que tu me l'as dit mais il faut me le dire à nouveau, il faut me le dire parce que je sais que ce n'est plus la vérité.

FERNAN   Tu es belle.

PILAR   À côté des filles, j'ai l'air d'une pomme fripée ?

FERNAN   Tu es plus attirante que tes filles.

PILAR   Tu exagères.

FERNAN   Tu es plus fraîche que tes filles.

PILAR   Plus fraîche ?... Tant mieux. J'ai toujours mené une vie saine. Il fait beau mais le parc est triste. Je n'aime pas l'hiver. Crois-tu que des beaux jours m'attendent encore ?

FERNAN   Les beaux jours dépendent de nous.

PILAR   Est-ce qu'il n'est pas trop tard ?

FERNAN   Pili, ce n'est ni d'herbe, ni d'arbre ni de buisson dont tu as besoin aujourd'hui. Une idée fulgurante : allons rue Vélasquez acheter la cape réversible à col de renard.

PILAR   Elle fait trop autrichienne.

FERNAN   Quelle importance ?

PILAR   Tu ne trouves pas qu'elle fait trop autrichienne ?

FERNAN   Si tu l'aimes.

PILAR   Je l'aime mais je n'oserai pas la porter.

FERNAN   Alors autre chose, ce qui te fera plaisir. Je me sens d'humeur à dépenser, j'en ai marre de ces moineaux, nous voulons du bruit, des voitures et des vitrines.

PILAR   J'ai mal aux pieds.

FERNAN   Achetons des chaussures.

PILAR   Des chaussures plates ?

FERNAN   Des chaussures plates, c'est mieux pour marcher sur des graviers.

PILAR   Je te tire en arrière. Je te freine mon amour.

FERNAN   Aucune femme n'est en mesure de me freiner.

PILAR   Tu es si jeune. Tu es si enthousiaste.

FERNAN   Nous sommes jeunes et enthousiastes

et nous allons mener grand train, voudrais-tu m'épouser ?

PILAR   Qu'est-ce que tu dis Fernan ?... Répète-le, répète-le, je ne suis pas sûre d'avoir entendu...

XXVII. Monologue

ACTEUR (qui joue Mariano)
Aurelia
je me demande parfois comment nous finirons,
les sujets entre nous s'amenuisent,
ne sommes-nous pas certains jours comme deux étrangers en fin de vie,
viens avec moi choisir mes lunettes,
aie pitié,
je ne veux pas devenir comme ces types que je vois à la télévision, une cohorte de spectres,
cheveux de jais et hublots fous,
Pilar épouse le gérant d'immeuble,
ils se font des niches,
des coquineries dans les coins,
ils se bécotent entre les portes,
quand je serai un vieillard calamiteux,
si tu m'entraînes dans ton village d'Estrémadure danser un jour de fête,

je me jetterai du haut du kiosque,
à quoi rime une fin frétillante,
à quoi bon ces pantomimes de jeunesse.
Je bois trop.
Trop.
J'ai lu dans un livre que le cerveau humain avait besoin de confusion et de pagaille,
il ne sort rien de bon de la clarté.
Sergio Morati m'a réservé une chambre attenante à la sienne,
dans son asile,
quand il a su que sa femme le trompait, il a descendu une bouteille de vodka et s'est mis à genoux dans la rue en demandant aux voitures de l'écraser,
la dernière fois que je l'ai vu il disait que tout en roulant à 180 km/h sur l'autoroute, il avait été doublé par un lapin,
je t'assure, m'a-t-il dit, c'était un lièvre.
Ne me laisse pas seul, viens avec moi acheter les lunettes,
je voudrais encore avoir l'air de quelque chose devant la classe, surtout, à vrai dire, devant cette petite pute d'Axancha Mendès,
donne-moi un coup de main Aurelia,
recompose ton petit mari,
je ne suis pas si mal quand même pour cinquante ans.
Vous gagneriez à tuer vos personnages Olmo,
avant qu'ils se délitent,

finissent aussi lamentablement que les gens réels,
chacun dans son coin,
mourant à petit feu,
avec des rêves cons,
abandonnés en route
comme des pelures,
des rêves cons,
et puis plus de rêve du tout.
Vous ne serez pas longtemps respecté si vous
n'usez pas de votre droit de vie ou de mort,
vous avez tout à perdre à être compatissant,
tôt ou tard il faudra vous montrer plus radical
mon petit Olmo.

XXVIII. *Pièce espagnole*

Aurelia.

AURELIA   *Chaque mardi, j'ai traversé le fleuve pour venir chez vous*
je l'ai traversé pour venir et aussi pour repartir,
au retour souvent je me suis penchée pour regarder l'eau,
les débris mélancoliques,
ou les vagues étincelantes du soir,
il y a une certaine lumière le soir qui purifie le cœur,
les éléments vous viennent en aide sans qu'on sache comment.

Je me suis présentée à vous sans rien espérer.
J'attendais pourtant quelque chose, comme on attend de la vie,
dès qu'on fait un pas dehors,
tout le monde attend de la vie quelque chose qui n'est pas nommé et qu'on ne sait pas,
une sorte d'atténuation de la solitude, sous n'importe quelle forme,
une place même austère,
un privilège à soi.
Voulez-vous bien, puisque c'est notre dernière fois, que je vous joue ce Prélude ?
Ceci est mon va-tout monsieur Kiš,
je vais le jouer comme je vous l'ai expliqué,
pas de paroles,
ni d'images,
vous allez vous lever,
vous retourner, et me regarder,
vous trouverez chez moi non pas la résignation que mon allure, mon manteau plié sagement sur la chaise, et mon cartable de partitions trahissent,
vous trouverez
un chagrin sans pitié
et une amorce de joie,
levez-vous,
n'ayez pas peur,
je ne veux pas être aimée pour de vrai.

Mademoiselle Wurtz s'assoit et joue le Prélude n° 5 de Mendelssohn.

Une pièce espagnole
Création mondiale à Paris, au Théâtre de la Madeleine, le 20 janvier 2004

Mise en scène : Luc BONDY
Assistants à la mise en scène : Marie-Louise BISCHOF-BERGER, Jeff LAYTON
Décors : Gilles AILLAUD et Titina MASELLI
Collaboration aux décors : Bernard MICHEL
Lumières : Dominique BRUGUIÈRE
Costumes : Titina MASELLI

Distribution
  Nuria : Marianne DENICOURT
  Fernan : Thierry FORTINEAU
  Mariano : André MARCON
  Pilar : Bulle OGIER
  Aurelia : Dominique REYMOND

LE DIEU DU CARNAGE

VÉRONIQUE HOULLIÉ.
MICHEL HOULLIÉ.
ANNETTE REILLE.
ALAIN REILLE.

(Entre quarante et cinquante ans.)

Un salon.
Pas de réalisme.
Pas d'éléments inutiles.

Les Houllié et les Reille, assis face à face.
On doit sentir d'emblée qu'on est chez les Houllié et que les deux couples viennent de faire connaissance.

Au centre, une table basse, couverte de livres d'art.
Deux gros bouquets de tulipes dans des pots.

Règne une atmosphère grave, cordiale et tolérante.

VÉRONIQUE Donc notre déclaration... Vous ferez la vôtre de votre côté... « Le 3 novembre, à dix-sept heures trente, au square de l'Aspirant-Dunant, à la suite d'une altercation verbale, Ferdinand Reille, onze ans, armé d'un bâton, a frappé au visage notre fils Bruno Houllié. Les conséquences de cet acte sont, outre la tuméfaction de la lèvre supérieure, une brisure des deux incisives, avec atteinte du nerf de l'incisive droite. »

ALAIN Armé ?

véronique   Armé ? Vous n'aimez pas « armé », qu'est-ce qu'on met Michel, muni, doté, muni d'un bâton, ça va ?

alain   Muni oui.

michel   Muni d'un bâton.

véronique, *corrigeant*   Muni. L'ironie est que nous avons toujours considéré le square de l'Aspirant-Dunant comme un havre de sécurité, contrairement au parc Montsouris.

michel   Oui, c'est vrai. Nous avons toujours dit le parc Montsouris non, le square de l'Aspirant-Dunant oui.

véronique   Comme quoi. En tout cas nous vous remercions d'être venus. On ne gagne rien à s'installer dans une logique passionnelle.

annette   C'est nous qui vous remercions. C'est nous.

véronique   Je ne crois pas qu'on ait à se dire merci. Par chance il existe encore un art de vivre ensemble, non ?

alain   Que les enfants ne semblent pas avoir intégré. Enfin je veux dire le nôtre !

annette   Oui, le nôtre !… Et qu'est-ce qui va arriver à la dent dont le nerf est touché ?…

VÉRONIQUE   Alors on ne sait pas. On est réservé sur le pronostic. Apparemment le nerf n'est pas complètement exposé.

MICHEL   Il n'y a qu'un point qui est exposé.

VÉRONIQUE   Oui. Il y a une partie qui est exposée et une partie qui est encore protégée. Par conséquent, pour le moment, on ne dévitalise pas.

MICHEL   On essaie de donner une chance à la dent.

VÉRONIQUE   Ce serait quand même mieux d'éviter l'obturation canalaire.

ANNETTE   Oui...

VÉRONIQUE   Donc il y a une période de suivi où on donne une chance au nerf pour récupérer.

MICHEL   En attendant, il va avoir des facettes en céramique.

VÉRONIQUE   De toute façon, on ne peut pas mettre de prothèse avant dix-huit ans.

MICHEL   Non.

VÉRONIQUE   Les prothèses définitives ne sont mises en place que lorsque la croissance est terminée.

ANNETTE   Bien sûr. J'espère que… J'espère que tout se passera bien.

VÉRONIQUE   Espérons.

Léger flottement.

ANNETTE   Elles sont ravissantes ces tulipes.

VÉRONIQUE   C'est le petit fleuriste du marché Mouton-Duvernet. Vous voyez, celui qui est tout en haut.

ANNETTE   Ah oui.

VÉRONIQUE   Elles arrivent tous les matins directement de Hollande, dix euros la brassée de cinquante.

ANNETTE   Ah bon !

VÉRONIQUE   Vous voyez, celui qui est tout en haut.

ANNETTE   Oui, oui.

VÉRONIQUE   Vous savez qu'il ne voulait pas dénoncer Ferdinand.

MICHEL   Non il ne voulait pas.

VÉRONIQUE   C'était impressionnant de voir cet enfant qui n'avait plus de visage, plus de dents et qui refusait de parler.

Le dieu du carnage

ANNETTE J'imagine.

MICHEL Il ne voulait pas le dénoncer aussi par crainte de passer pour un rapporteur devant ses camarades, il faut être honnête Véronique, il n'y avait pas que de la bravoure.

VÉRONIQUE Certes, mais la bravoure c'est aussi un esprit collectif.

ANNETTE Naturellement... Et comment... ? Enfin je veux dire comment avez-vous obtenu le nom de Ferdinand ?...

VÉRONIQUE Parce que nous avons expliqué à Bruno qu'il ne rendait pas service à cet enfant en le protégeant.

MICHEL Nous lui avons dit si cet enfant pense qu'il peut continuer à taper sans être inquiété, pourquoi veux-tu qu'il s'arrête ?

VÉRONIQUE Nous lui avons dit si nous étions les parents de ce garçon, nous voudrions absolument être informés.

ANNETTE Bien sûr.

ALAIN Oui... *(Son portable vibre.)* Excusez-moi... *(Il s'écarte du groupe ; pendant qu'il parle, il sort un quotidien de sa poche.)*... Oui Maurice, merci de me rappeler. Bon, dans *Les Échos* de ce matin, je vous le lis... : « Selon une étude publiée dans la revue britannique *Lancet* et reprise hier dans le *F.T.*, deux chercheurs australiens auraient mis au jour les effets neurologiques de l'Antril, antihypertenseur des laboratoires Verenz-Pharma, allant de la baisse d'audition à l'ataxie. »... Mais qui fait la veille média chez vous ?... Oui c'est très emmerdant... Non, mais moi ce qui m'emmerde c'est l'A.G.O., vous avez une Assemblée générale dans quinze jours. Vous avez provisionné ce litige ?... OK... Et, Maurice, Maurice, demandez au dircom s'il y a d'autres reprises... À tout de suite. *(Il raccroche.)*... Excusez-moi.

MICHEL   Vous êtes...

ALAIN   Avocat.

ANNETTE   Et vous ?

MICHEL   Moi je suis grossiste en articles ménagers, Véronique est écrivain, et travaille à mi-temps dans une librairie d'art et d'histoire.

ANNETTE   Écrivain ?

VÉRONIQUE   J'ai participé à un ouvrage collectif sur la civilisation sabéenne, à partir des fouilles reprises à la fin du conflit entre l'Éthiopie et l'Érythrée. Et à présent, je sors en janvier un livre sur la tragédie du Darfour.

ANNETTE   Vous êtes spécialiste de l'Afrique.

VÉRONIQUE Je m'intéresse à cette partie du monde.

ANNETTE Vous avez d'autres enfants ?

VÉRONIQUE Bruno a une sœur de neuf ans, Camille. Qui est fâchée avec son père parce que son père s'est débarrassé du hamster cette nuit.

ANNETTE Vous vous êtes débarrassé du hamster ?

MICHEL Oui. Ce hamster fait un bruit épouvantable la nuit. Ce sont des êtres qui dorment le jour. Bruno souffrait, il était exaspéré par le bruit du hamster. Moi, pour dire la vérité, ça faisait longtemps que j'avais envie de m'en débarrasser, je me suis dit ça suffit, je l'ai pris, je l'ai mis dans la rue. Je croyais que ces animaux aimaient les caniveaux, les égouts, pas du tout, il était pétrifié sur le trottoir. En fait, ce ne sont ni des animaux domestiques, ni des animaux sauvages, je ne sais pas où est leur milieu naturel. Fous-les dans une clairière, ils sont malheureux aussi. Je ne sais pas où on peut les mettre.

ANNETTE Vous l'avez laissé dehors ?

VÉRONIQUE Il l'a laissé, et il a voulu faire croire à Camille qu'il s'était enfui. Sauf qu'elle ne l'a pas cru.

ALAIN   Et ce matin, le hamster avait disparu ?

MICHEL   Disparu.

VÉRONIQUE   Et vous, vous êtes dans quelle branche ?

ANNETTE   Je suis conseillère en gestion de patrimoine.

VÉRONIQUE   Est-ce qu'on pourrait imaginer… pardonnez-moi de poser la question de façon directe, que Ferdinand présente ses excuses à Bruno ?

ALAIN   Ce serait bien qu'ils se parlent.

ANNETTE   Il faut qu'il s'excuse Alain. Il faut qu'il lui dise qu'il est désolé.

ALAIN   Oui, oui. Sûrement.

VÉRONIQUE   Mais est-ce qu'il est désolé ?

ALAIN   Il se rend compte de son geste. Il n'en connaissait pas la portée. Il a onze ans.

VÉRONIQUE   À onze ans on n'est plus un bébé.

MICHEL   On n'est pas non plus un adulte ! On ne vous a rien proposé, café, thé, est-ce qu'il reste du clafoutis Véro ? Un clafoutis exceptionnel !

ALAIN   Un café serré je veux bien.

ANNETTE   Un verre d'eau.

MICHEL, *à Véronique qui va sortir*   Espresso pour moi aussi chérie, et apporte le clafoutis. *(Après un flottement :)* Moi je dis toujours, on est un tas de terre glaise et de ça il faut faire quelque chose. Peut-être que ça ne prendra forme qu'à la fin. Est-ce qu'on sait ?

ANNETTE   Mmm.

MICHEL   Vous devez goûter le clafoutis. Ce n'est pas du tout évident un bon clafoutis.

ANNETTE   C'est vrai.

ALAIN   Vous vendez quoi ?

MICHEL   De la quincaillerie d'ameublement. Serrures, poignées de porte, cuivre à souder, et des articles de ménage, casseroles, poêles...

ALAIN   Ça marche ça ?

MICHEL   Vous savez, nous on n'a jamais connu les années d'euphorie, quand on a commencé c'était déjà dur. Mais si je pars tous les matins avec mon cartable et mon catalogue, ça marche. On n'est pas comme dans le textile, à la merci des saisons. Quoique la terrine à foie gras, je la vends mieux en décembre !

ALAIN   Oui...

ANNETTE   Quand vous avez vu que le hamster était pétrifié, pourquoi ne l'avez-vous pas ramené à la maison ?

MICHEL   Parce que je ne pouvais pas le prendre dans mes mains.

ANNETTE   Vous l'aviez bien mis sur le trottoir.

MICHEL   Je l'ai apporté dans sa boîte et je l'ai renversé. Je ne peux pas toucher ces bêtes.

Véronique revient avec un plateau. Boissons et clafoutis.

VÉRONIQUE   Je ne sais pas qui a mis le clafoutis dans le frigo. Monica met tout dans le frigo, il n'y a rien à faire.
Qu'est-ce qu'il vous dit Ferdinand ? Sucre ?

ALAIN   Non, non. À quoi il est votre clafoutis ?

VÉRONIQUE   Pommes et poires.

ANNETTE   Pommes et poires ?

VÉRONIQUE   Ma petite recette. *(Elle coupe le clafoutis et sert des parts.)* Il va être trop froid, c'est dommage.

ANNETTE   Pommes poires, c'est la première fois.

VÉRONIQUE   Pommes poires c'est classique mais il y a un truc.

ANNETTE   Ah bon ?

VÉRONIQUE   Il faut que la poire soit plus épaisse que la pomme. Parce que la poire cuit plus vite que la pomme.

ANNETTE   Ah voilà.

MICHEL   Mais elle ne dit pas le vrai secret.

VÉRONIQUE   Laisse-les goûter.

ALAIN   Très bon. Très bon.

ANNETTE   Succulent.

VÉRONIQUE   … Des miettes de pain d'épice !

ANNETTE   Bravo.

VÉRONIQUE   Un aménagement du clafoutis picard. Pour être honnête, je le tiens de sa mère.

ALAIN   Pain d'épice, délicieux… Au moins ça nous permet de découvrir une recette.

VÉRONIQUE   J'aurais préféré que mon fils ne perde pas deux dents à cette occasion.

ALAIN   Bien sûr, c'est ce que je voulais dire !

ANNETTE   Tu l'exprimes curieusement.

ALAIN   Pas du tout, je… *(Le portable vibre, il regarde l'écran.)*… Je suis obligé de prendre…

Oui Maurice… Ah non, pas de droit de réponse, vous allez alimenter la polémique… Est-ce que ça a été provisionné ?… Mm, mm… C'est quoi ces troubles, c'est quoi l'ataxie ?… Et à dose normale ?… On le sait depuis quand ?… Et depuis ce temps-là vous ne l'avez pas retiré ?… Qu'est-ce que ça fait en chiffre d'affaires ?… Ah oui. Je comprends… D'accord.

Il raccroche et compose aussitôt un autre numéro, tout en dévorant le clafoutis.

ANNETTE   Alain, sois un peu avec nous s'il te plaît.

ALAIN   Oui, oui, j'arrive… *(Portable.)* Serge ?… Ils connaissent les risques depuis deux ans… Un rapport interne mais aucun effet indésirable n'est formellement établi… Non, aucune mesure de précaution, ils n'ont pas provisionné, pas un mot dans le rapport annuel… Marche ébrieuse, problèmes d'équilibre, en gros tu as l'air bourré en permanence… *(Il rit avec son collaborateur.)*… Chiffre d'affaires, cent cinquante millions de dollars… Nier en bloc… Il voulait qu'on fasse un droit de réponse cet abruti. On ne va certainement pas faire un droit de réponse, par contre s'il y a des reprises on peut faire un communiqué genre c'est de l'intox à quinze jours de l'A.G.O… Il doit me rappeler… OK.

(Il raccroche.)... En fait j'ai à peine eu le temps de déjeuner.

MICHEL　　　　Servez-vous, servez-vous.

ALAIN　　　　Merci. J'exagère. On disait quoi ?

VÉRONIQUE　　Qu'il aurait été plus agréable de se rencontrer en d'autres circonstances.

ALAIN　　　　Ah oui bien sûr.
Donc ce clafoutis, c'est votre mère ?

MICHEL　　　　C'est une recette de ma mère mais c'est Véro qui l'a fait.

VÉRONIQUE　　Ta mère ne mélange pas les poires et les pommes !

MICHEL　　　　Non.

VÉRONIQUE　　Elle va se faire opérer la pauvre.

ANNETTE　　　Ah bon ? De quoi ?

VÉRONIQUE　　Du genou.

MICHEL　　　　On va lui mettre une prothèse rotatoire en métal et polyéthylène. Elle se demande ce qui va en rester quand elle se fera incinérer.

VÉRONIQUE　　Tu es méchant.

MICHEL　　　　Elle ne veut pas être enterrée avec mon père. Elle veut être incinérée et placée à côté de sa mère qui est toute seule dans le Midi. Deux urnes qui vont discuter face à la mer. Ha, ha !...

Flottement souriant.

ANNETTE   Nous sommes très touchés par votre générosité, nous sommes sensibles au fait que vous tentiez d'aplanir cette situation au lieu de l'envenimer.

VÉRONIQUE   Franchement c'est la moindre des choses.

MICHEL   Oui !

ANNETTE   Non, non. Combien de parents prennent fait et cause pour leurs enfants de façon elle-même infantile. Si Bruno avait cassé deux dents à Ferdinand, est-ce qu'on n'aurait pas eu Alain et moi une réaction plus épidermique ? Je ne suis pas sûre qu'on aurait fait preuve d'une telle largeur de vues.

MICHEL   Mais si !

ALAIN   Elle a raison. Pas sûr.

MICHEL   Si. Parce que nous savons tous très bien que l'inverse aurait pu arriver.

Flottement.

VÉRONIQUE   Et Ferdinand qu'est-ce qu'il dit ? Comment il vit la situation ?

ANNETTE   Il ne parle pas beaucoup. Il est désemparé je crois.

VÉRONIQUE   Il réalise qu'il a défiguré son camarade ?

ALAIN   Non. Non, il ne réalise pas qu'il a défiguré son camarade.

ANNETTE   Mais pourquoi tu dis ça ? Ferdinand réalise bien sûr !

ALAIN   Il réalise qu'il a eu un comportement brutal, il ne réalise pas qu'il a défiguré son camarade.

VÉRONIQUE   Vous n'aimez pas le mot, mais le mot est malheureusement juste.

ALAIN   Mon fils n'a pas défiguré votre fils.

VÉRONIQUE   Votre fils a défiguré notre fils. Revenez ici à cinq heures, vous verrez sa bouche et ses dents.

MICHEL   Momentanément défiguré.

ALAIN   Sa bouche va dégonfler, quant à ses dents, s'il faut l'emmener chez le meilleur dentiste, je suis prêt à participer…

MICHEL   Les assurances sont là pour ça.

Nous, nous voudrions que les garçons se réconcilient et que ce genre d'épisode ne se reproduise pas.

ANNETTE   Organisons une rencontre.

MICHEL   Oui. Voilà.

VÉRONIQUE   En notre présence ?

ALAIN   Ils n'ont pas besoin d'être coachés. Laissons-les entre hommes.

ANNETTE   Entre hommes Alain, c'est ridicule. Cela dit, on n'a peut-être pas besoin d'être là. Ce serait mieux si on n'était pas là, non ?

VÉRONIQUE   La question n'est pas qu'on soit là ou pas. La question est souhaitent-ils se parler, souhaitent-ils s'expliquer ?

MICHEL   Bruno le souhaite.

VÉRONIQUE   Mais Ferdinand ?

ANNETTE   On ne va pas lui demander son avis.

VÉRONIQUE   Il faut que ça vienne de lui.

ANNETTE   Ferdinand se comporte comme un voyou, on ne s'intéresse pas à ses états d'âme.

VÉRONIQUE   Si Ferdinand rencontre Bruno dans le cadre d'une obligation punitive, je ne vois pas ce qu'il peut en résulter de positif.

ALAIN Madame, notre fils est un sauvage. Espérer de lui une contrition spontanée est irréel. Bon, je suis désolé, je dois retourner au cabinet. Annette, tu restes, vous me raconterez ce que vous avez décidé, de toute façon je ne sers à rien. La femme pense il faut l'homme, il faut le père, comme si ça servait à quelque chose. L'homme est un paquet qu'on traîne donc il est décalé et maladroit, ah vous voyez un bout de métro aérien, c'est marrant !

ANNETTE Je suis confuse mais je ne peux pas m'attarder non plus... Mon mari n'a jamais été un père à poussette !...

VÉRONIQUE C'est dommage. C'est merveilleux de promener un enfant. Ça passe si vite. Toi Michel, tu appréciais de prendre soin des enfants et tu conduisais la poussette avec joie.

MICHEL Oui, oui.

VÉRONIQUE Alors qu'est-ce qu'on décide ?

ANNETTE Est-ce que vous pourriez passer à la maison vers dix-neuf heures trente avec Bruno ?

VÉRONIQUE Dix-neuf heures trente ?... Qu'est-ce que tu en penses, Michel ?

MICHEL Moi... Si je peux me permettre...

ANNETTE   Allez-y.

MICHEL   Je pense que c'est plutôt Ferdinand qui devrait venir.

VÉRONIQUE   Oui, je suis d'accord.

MICHEL   Ce n'est pas à la victime de se déplacer.

VÉRONIQUE   C'est vrai.

ALAIN   À dix-neuf heures trente je ne peux être nulle part moi.

ANNETTE   Nous n'avons pas besoin de toi puisque tu ne sers à rien.

VÉRONIQUE   Quand même, ce serait bien que son père soit là.

ALAIN, *portable vibre*   Oui mais alors pas ce soir, allô ?... Le bilan ne fait état de rien. Mais le risque n'est pas formellement établi. Il n'y a pas de preuve...

Il raccroche.

VÉRONIQUE   Demain ?

ALAIN   Demain je suis à La Haye.

VÉRONIQUE   Vous travaillez à La Haye ?

ALAIN   J'ai une affaire devant la Cour pénale internationale.

ANNETTE   L'essentiel c'est que les enfants se parlent. Je vais accompagner Ferdinand chez vous à dix-neuf heures trente et on va les laisser s'expliquer. Non ? Vous n'avez pas l'air convaincus.

VÉRONIQUE   Si Ferdinand n'est pas responsabilisé, ils vont se regarder en chiens de faïence et ce sera une catastrophe.

ALAIN   Que voulez-vous dire madame ? Que veut dire responsabilisé ?

VÉRONIQUE   Votre fils n'est sûrement pas un sauvage.

ANNETTE   Ferdinand n'est pas du tout un sauvage.

ALAIN   Si.

ANNETTE   Alain c'est idiot, pourquoi dire une chose pareille ?

ALAIN   C'est un sauvage.

MICHEL   Comment il explique son geste ?

ANNETTE   Il ne veut pas en parler.

VÉRONIQUE   Il faudrait qu'il en parle.

ALAIN   Madame, il faudrait beaucoup de choses. Il faudrait qu'il vienne, il faudrait qu'il en parle, il faudrait qu'il regrette, vous avez visiblement des compétences qui nous font défaut, nous allons nous améliorer mais entre-temps soyez indulgente.

MICHEL   Allez, allez ! On ne va pas se quitter bêtement là-dessus !

VÉRONIQUE   Je parle pour lui, je parle pour Ferdinand.

ALAIN   J'avais bien compris.

ANNETTE   Asseyons-nous encore deux minutes.

MICHEL   Encore un petit café ?

ALAIN   Un café d'accord.

ANNETTE   Moi aussi alors. Merci.

MICHEL   Laisse Véro, j'y vais.

Flottement.
Annette déplace délicatement quelques-uns des nombreux livres d'art disposés sur la table basse.

ANNETTE   Vous êtes très amateur de peinture je vois.

VÉRONIQUE   De peinture. De photo. C'est un peu mon métier.

ANNETTE   J'adore Bacon aussi.

VÉRONIQUE   Ah oui, Bacon.

ANNETTE, *tournant les pages*   ... Cruauté et splendeur.

VÉRONIQUE   Chaos. Équilibre.

ANNETTE   Oui...

VÉRONIQUE   Ferdinand s'intéresse à l'art ?

ANNETTE   Pas autant qu'il le faudrait... Vos enfants oui ?

VÉRONIQUE   On essaie. On essaie de compenser le déficit scolaire en la matière.

ANNETTE   Oui...

VÉRONIQUE   On essaie de les faire lire. De les emmener aux concerts, aux expositions. Nous avons la faiblesse de croire aux pouvoirs pacificateurs de la culture !

ANNETTE   Vous avez raison...

Retour de Michel avec les cafés.

MICHEL   Le clafoutis est-il un gâteau ou une tarte ? Question sérieuse. Je pensais dans la cuisine, pourquoi la Linzertorte est-elle une tarte ? Allez-y, allez-y, on ne va pas laisser cette tranchette.

VÉRONIQUE   Le clafoutis est un gâteau. La pâte n'est pas abaissée mais mêlée aux fruits.

ALAIN   Vous êtes une vraie cuisinière.

VÉRONIQUE   J'aime ça. La cuisine il faut aimer ça. De mon point de vue, seule la tarte classique, c'est-à-dire pâte aplatie, mérite le nom de tarte.

MICHEL   Et vous, vous avez d'autres enfants ?

ALAIN   J'ai un fils d'un premier mariage.

MICHEL   Je me demandais, bien que ce soit sans importance, quel était le motif de la dispute. Bruno est resté complètement muet sur ce point.

ANNETTE   Bruno a refusé de faire rentrer Ferdinand dans sa bande.

VÉRONIQUE   Bruno a une bande ?

ALAIN   Et il l'a traité de « balance ».

VÉRONIQUE   Tu savais que Bruno avait une bande ?

MICHEL   Non. Je suis fou de joie.

VÉRONIQUE   Pourquoi tu es fou de joie ?

MICHEL   Parce que moi aussi j'étais chef de bande.

ALAIN Moi aussi.

VÉRONIQUE Ça consiste en quoi ?

MICHEL Tu as cinq, six gars qui t'aiment et qui sont prêts à se sacrifier pour toi. Comme dans *Ivanhoé*.

ALAIN Comme dans *Ivanhoé*, exactement !

VÉRONIQUE Qui connaît *Ivanhoé* aujourd'hui ?

ALAIN Ils prennent un autre type. Un Spiderman.

VÉRONIQUE Enfin je constate que vous en savez plus que nous. Ferdinand n'est pas resté aussi muet que vous voulez bien le dire. Et pourquoi il l'a traité de « balance » ? Non, c'est bête, c'est bête comme question. D'abord je m'en fiche, et ce n'est pas le sujet.

ANNETTE On ne peut pas rentrer dans ces querelles d'enfant.

VÉRONIQUE Ça ne nous regarde pas.

ANNETTE Non.

VÉRONIQUE En revanche ce qui nous regarde, c'est ce qui s'est passé malheureusement. La violence nous regarde.

MICHEL Quand j'étais chef de bande,

en septième, j'avais battu en combat singulier Didier Leglu, qui était plus fort que moi.

VÉRONIQUE   Qu'est-ce que tu veux dire Michel ? Ça n'a rien à voir.

MICHEL   Non, non, ça n'a rien à voir.

VÉRONIQUE   On ne parle pas d'un combat singulier. Les enfants ne se sont pas battus.

MICHEL   Tout à fait, tout à fait. J'évoquais juste un souvenir.

ALAIN   Il n'y a pas une grande différence.

VÉRONIQUE   Ah si. Permettez-moi monsieur, il y a une différence.

MICHEL   Il y a une différence.

ALAIN   Laquelle ?

MICHEL   Avec Didier Leglu, nous étions d'accord pour nous battre.

ALAIN   Vous l'avez amoché ?

MICHEL   Sûrement un peu.

VÉRONIQUE   Bon, oublions Didier Leglu. Est-ce que vous m'autorisez à parler à Ferdinand ?

ANNETTE   Mais bien sûr !

VÉRONIQUE   Je ne voudrais pas le faire sans votre accord.

ANNETTE   Parlez-lui. Il n'y a rien de plus normal.

ALAIN   Bonne chance.

ANNETTE   Arrête Alain. Je ne comprends pas.

ALAIN   Madame est animée…

VÉRONIQUE   Véronique. On va mieux s'en sortir si on ne s'appelle plus madame et monsieur.

ALAIN   Véronique, vous êtes mue par une ambition pédagogique, qui est sympathique…

VÉRONIQUE   Si vous ne voulez pas que je lui parle, je ne lui parle pas.

ALAIN   Mais parlez-lui, sermonnez-le, faites ce que vous voulez.

VÉRONIQUE   Je ne comprends pas que vous ne soyez pas davantage concerné.

ALAIN   Madame…

MICHEL   Véronique.

ALAIN   Véronique, je suis on ne peut plus concerné. Mon fils blesse un autre enfant…

VÉRONIQUE   Volontairement.

ALAIN　　　　　Vous voyez, c'est ce genre de remarque qui me raidit. Volontairement, nous le savons.

VÉRONIQUE　　Mais c'est toute la différence.

ALAIN　　　　　La différence entre quoi et quoi ? On ne parle pas d'autre chose. Notre fils a pris un bâton et a tapé le vôtre. On est là pour ça, non ?

ANNETTE　　　C'est stérile.

MICHEL　　　　Oui, elle a raison, ce genre de discussion est stérile.

ALAIN　　　　　Pourquoi éprouvez-vous le besoin de glisser « volontairement » ? Quel type de leçon je suis censé recevoir ?

ANNETTE　　　Écoutez, nous sommes sur une pente ridicule, mon mari est angoissé par d'autres affaires, je reviens ce soir avec Ferdinand et on va laisser les choses se régler naturellement.

ALAIN　　　　　Je ne suis aucunement angoissé.

ANNETTE　　　Eh bien moi je le suis.

MICHEL　　　　Nous n'avons aucune raison d'être angoissés.

ANNETTE　　　Si.

ALAIN, *portable vibre*　… Vous ne répondez

pas... Aucun commentaire... Mais non, vous ne le retirez pas ! Si vous le retirez, vous êtes responsable... Retirer l'Antril, c'est reconnaître votre responsabilité ! Il n'y a rien dans les comptes annuels. Si vous voulez être poursuivi pour faux bilan et être débarqué dans quinze jours, retirez-le de la vente...

VÉRONIQUE   À la fête du collège, l'an dernier, c'était Ferdinand qui jouait Monsieur de... ?

ANNETTE   Monsieur de Pourceaugnac.

VÉRONIQUE   Monsieur de Pourceaugnac.

ALAIN   Les victimes on y pensera après l'Assemblée Maurice... On verra après l'Assemblée en fonction du cours...

VÉRONIQUE   Il était formidable.

ANNETTE   Oui...

ALAIN   On ne va pas retirer le médicament parce qu'il y a trois types qui marchent de traviole !... Vous ne répondez à rien pour le moment... Oui. À tout de suite...

Coupe et appelle son collaborateur.

VÉRONIQUE   On se souvient bien de lui dans *Monsieur de Pourceaugnac*. Tu t'en souviens, Michel ?

MICHEL Oui, oui…

VÉRONIQUE Déguisé en femme, il était drôle.

ANNETTE Oui…

ALAIN, *au collaborateur* … Ils s'affolent, ils ont les radios aux fesses, tu fais préparer un communiqué qui ne soit pas du tout un truc défensif, au contraire, vous y allez au canon, vous insistez sur le fait que Verenz-Pharma est victime d'une tentative de déstabilisation à quinze jours de son assemblée générale, d'où vient cette étude, pourquoi elle tombe du ciel maintenant, etc. Pas un mot sur le problème de santé, une seule question : qui est derrière l'étude ?… Bien.

Raccroche.

Court flottement.

MICHEL Ils sont terribles ces labos. Profit, profit.

ALAIN Vous n'êtes pas censé partager ma conversation.

MICHEL Vous n'êtes pas obligé de l'avoir devant moi.

ALAIN Si. Je suis tout à fait obligé de l'avoir ici. Contre mon gré, croyez bien.

MICHEL   Ils te fourguent leur camelote sans aucun état d'âme.

ALAIN   Dans le domaine thérapeutique, toute avancée est associée à un bénéfice et à un risque.

MICHEL   Oui, j'entends bien. N'empêche. Vous faites un drôle de métier quand même.

ALAIN   C'est-à-dire ?

VÉRONIQUE   Michel, ça ne nous regarde pas.

MICHEL   Un drôle de métier.

ALAIN   Et vous, vous faites quoi ?

MICHEL   Moi je fais un métier ordinaire.

ALAIN   C'est quoi un métier ordinaire ?

MICHEL   Je vends des casseroles je vous l'ai dit.

ALAIN   Et des poignées de porte.

MICHEL   Et des mécanismes de WC. Des tas d'autres choses encore.

ALAIN   Ah des mécanismes de WC. J'aime bien ça. Ça m'intéresse.

ANNETTE   Alain.

ALAIN   Ça m'intéresse. Le mécanisme de WC m'intéresse.

MICHEL   Pourquoi pas.

ALAIN   Vous en avez combien de sortes ?

MICHEL   Il y a deux systèmes. À poussoir ou à tirette.

ALAIN   Ah oui.

MICHEL   Ça dépend de l'alimentation.

ALAIN   Eh oui.

MICHEL   Soit l'arrivée d'eau se fait par le haut soit elle se fait par le bas.

ALAIN   Oui.

MICHEL   Je peux vous présenter un de mes magasiniers, qui est spécialiste, si vous voulez. Mais il faudra vous déplacer à Saint-Denis-La Plaine.

ALAIN   Vous avez l'air très compétent.

VÉRONIQUE   Est-ce que vous comptez sanctionner Ferdinand d'une manière ou d'une autre ? Vous continuerez la plomberie dans un environnement plus adéquat.

ANNETTE   Je ne me sens pas bien.

VÉRONIQUE   Qu'est-ce que vous avez ?

ALAIN   Ah oui tu es pâle chérie.

Le dieu du carnage

MICHEL   Vous êtes pâlotte, c'est vrai.

ANNETTE   J'ai mal au cœur.

VÉRONIQUE   Mal au cœur ?... J'ai du Primpéran...

ANNETTE   Non, non... Ça va aller...

VÉRONIQUE   Qu'est-ce qu'on pourrait... ? Du Coca. Du Coca c'est très bon.

Elle part aussitôt en chercher.

ANNETTE   Ça va aller...

MICHEL   Marchez un peu. Faites quelques pas.

Elle fait quelques pas.
Véronique revient avec le Coca-Cola.

ANNETTE   Vous croyez ?...

VÉRONIQUE   Oui, oui. À petites gorgées.

ANNETTE   Merci...

ALAIN, *il a rappelé discrètement son bureau*   ... Passez-moi Serge s'il vous plaît... Ah bon... Qu'il me rappelle, qu'il me rappelle tout de suite... *(Raccroche.)* C'est bon le Coca ? C'est bon pour la diarrhée plutôt ?

VÉRONIQUE   Pas uniquement. *(À Annette :)* Ça va ?

ANNETTE   Ça va... Madame, si nous souhaitons réprimander notre enfant, nous le faisons à notre façon et sans avoir de comptes à rendre.

MICHEL   Absolument.

VÉRONIQUE   Absolument quoi Michel ?

MICHEL   Ils font ce qu'ils veulent avec leur fils, ils sont libres.

VÉRONIQUE   Je ne trouve pas.

MICHEL   Tu ne trouves pas quoi Véro ?

VÉRONIQUE   Qu'ils soient libres.

ALAIN   Tiens. Développez. *(Portable vibre.)* Ah pardon... *(Au collaborateur :)* Parfait... Mais n'oublie pas, rien n'est prouvé, il n'y a aucune certitude... Vous gourez pas, si on se loupe là-dessus, Maurice saute dans quinze jours et nous avec.

ANNETTE   Ça suffit Alain ! Ça suffit maintenant ce portable ! Sois avec nous merde !

ALAIN   Oui... Tu me rappelles pour me lire. *(Raccroche.)* Qu'est-ce qui te prend, tu es folle de crier comme ça ! Serge a tout entendu !

ANNETTE   Tant mieux ! Ça fait chier ce portable tout le temps !

ALAIN Écoute Annette, je suis déjà bien gentil d'être ici...

VÉRONIQUE C'est extravagant.

ANNETTE Je vais vomir.

ALAIN Mais non tu ne vas pas vomir.

ANNETTE Si...

MICHEL Vous voulez aller aux toilettes ?

ANNETTE, *à Alain* Personne ne t'oblige à rester...

VÉRONIQUE Non, personne ne l'oblige à rester.

ANNETTE Ça tourne...

ALAIN Regarde un point fixe. Regarde un point fixe toutou.

ANNETTE Va-t'en, laisse-moi.

VÉRONIQUE Il vaudrait mieux qu'elle aille aux toilettes quand même.

ALAIN Va aux toilettes. Va aux toilettes si tu vas vomir.

MICHEL Donne-lui du Primpéran.

ALAIN Ça ne peut pas être le clafoutis quand même ?

VÉRONIQUE   Il est d'hier !

ANNETTE, *à Alain*   Ne me touche pas !...

ALAIN   Calme-toi toutou.

MICHEL   S'il vous plaît, pourquoi s'échauffer bêtement !

ANNETTE   Pour mon mari, tout ce qui est maison, école, jardin est de mon ressort.

ALAIN   Mais non !

ANNETTE   Si. Et je te comprends. C'est mortel tout ça. C'est mortel.

VÉRONIQUE   Si c'est tellement mortel pourquoi mettre des enfants au monde ?

MICHEL   Peut-être que Ferdinand ressent ce désintérêt.

ANNETTE   Quel désintérêt ?!

MICHEL   Vous le dites vous-même... *(Annette vomit violemment. Une gerbe brutale et catastrophique qu'Alain reçoit pour partie. Les livres d'art sur la table basse sont également éclaboussés.)* Va chercher une bassine, va chercher une bassine !

Véronique court chercher une bassine tandis que Michel lui tend le plateau des cafés au cas où. Annette a un nouveau haut-le-cœur mais rien ne sort.

ALAIN   Tu aurais dû aller aux toilettes toutou, c'est absurde !

MICHEL   C'est vrai que le costume a écopé !

Très vite, Véronique revient avec une cuvette et un torchon.
On donne la cuvette à Annette.

VÉRONIQUE   Ça ne peut pas être le clafoutis, c'est sûr que non.

MICHEL   Ce n'est pas le clafoutis, c'est nerveux. C'est nerveux ça.

VÉRONIQUE, *à Alain*   Vous voulez vous nettoyer dans la salle de bain ? Oh là là, le Kokoschka ! Mon Dieu !

Annette vomit de la bile dans la cuvette.

MICHEL   Donne-lui du Primpéran.

VÉRONIQUE   Pas tout de suite, elle ne peut rien ingurgiter là.

ALAIN   C'est où la salle de bain ?

VÉRONIQUE   Je vous montre.

Véronique et Alain sortent.

MICHEL   C'est nerveux. C'est une crise nerveuse. Vous êtes une maman Annette. Que vous le vouliez ou non. Je comprends que vous soyez angoissée.

ANNETTE   Mmm.

MICHEL   Moi je dis, on ne peut pas dominer ce qui nous domine.

ANNETTE   Mmm…

MICHEL   Chez moi, ça se met dans les cervicales. Blocage des cervicales.

ANNETTE   Mmm…

Encore un peu de bile.

VÉRONIQUE, *revenant avec une autre cuvette dans laquelle il y a une éponge*   Qu'est-ce qu'on va faire avec le Kokoschka ?

MICHEL   Moi j'assainirais avec du Monsieur Propre… Le problème c'est le séchage… Ou alors tu nettoies à l'eau et tu mets un peu de parfum.

VÉRONIQUE   Du parfum ?

MICHEL   Mets mon *Kouros*, je ne l'utilise jamais.

VÉRONIQUE   Ça va gondoler.

Le dieu du carnage

MICHEL	On peut donner un coup de séchoir et aplatir avec d'autres livres par-dessus. Ou repasser comme avec les billets.

VÉRONIQUE	Oh là là…

ANNETTE	Je vous le rachèterai…

VÉRONIQUE	Il est introuvable ! Il est épuisé depuis longtemps !

ANNETTE	Je suis navrée…

MICHEL	On va le récupérer. Laisse-moi faire Véro.

Elle lui tend la cuvette d'eau et l'éponge avec dégoût. Michel entreprend de nettoyer l'ouvrage.

VÉRONIQUE	C'est une réédition qui a plus de vingt ans du catalogue de l'exposition de 53 à Londres !…

MICHEL	Va chercher le séchoir. Et le *Kouros*. Dans le placard des serviettes.

VÉRONIQUE	Son mari est dans la salle de bain.

MICHEL	Il n'est pas à poil ! (*Elle sort tandis qu'il continue de nettoyer.*)… J'ai enlevé le gros. Un petit coup sur les Dolganes… Je reviens.

Il sort avec sa cuvette sale.

Véronique et Michel reviennent presque ensemble.

Elle avec le flacon de parfum, lui avec une cuvette d'eau propre.

Michel termine son nettoyage.

VÉRONIQUE, *à Annette*   Ça va mieux ?

ANNETTE   Oui..

VÉRONIQUE   Je pulvérise ?

MICHEL   Où est le séchoir ?

VÉRONIQUE   Il l'apporte dès qu'il a fini.

MICHEL   On l'attend. On mettra le *Kouros* au dernier moment.

ANNETTE   Je pourrais utiliser la salle de bain moi aussi ?

VÉRONIQUE   Oui, oui. Oui, oui. Bien sûr.

ANNETTE   Je ne sais pas comment m'excuser...

Elle l'accompagne et revient aussitôt.

VÉRONIQUE   Quel cauchemar atroce !

MICHEL   Lui, faudrait pas qu'il me pousse trop.

VÉRONIQUE   Elle est épouvantable elle aussi.

MICHEL   Moins.

VÉRONIQUE   Elle est fausse.

MICHEL   Elle me gêne moins.

VÉRONIQUE   Ils sont épouvantables tous les deux. Pourquoi tu te mets de leur côté ?

Elle pulvérise les tulipes.

MICHEL   Je ne me mets pas de leur côté, qu'est-ce que ça veut dire ?

VÉRONIQUE   Tu temporises, tu veux ménager la chèvre et le chou.

MICHEL   Pas du tout !

VÉRONIQUE   Si. Tu racontes tes exploits de chef de bande, tu dis qu'ils sont libres de faire ce qu'ils veulent avec leur fils alors que le gosse est un danger public, quand un gosse est un danger public c'est l'affaire de tout le monde, c'est dément qu'elle ait dégueulé sur mes livres !

Elle pulvérise le Kokoschka.

MICHEL, *indiquant*   Les Dolganes...

VÉRONIQUE   Quand on sent qu'on va gerber, on prend les devants.

MICHEL   ... Le Foujita.

VÉRONIQUE, *elle pulvérise tout*   C'est dégueulasse.

MICHEL J'étais limite avec les mécanismes de chiottes.

VÉRONIQUE Tu étais parfait.

MICHEL J'ai bien répondu, non ?

VÉRONIQUE Parfait. Le magasinier était parfait.

MICHEL Quel merdeux. Comment il l'appelle ?!...

VÉRONIQUE Toutou.

MICHEL Ah oui, toutou !

VÉRONIQUE Toutou !

Ils rient tous les deux.

ALAIN, *revenant, séchoir à la main* Oui, je l'appelle toutou.

VÉRONIQUE Oh... Pardon, ce n'était pas méchant... On se moque facilement des petits noms des autres ! Et nous, comment on s'appelle Michel ? Sûrement pire ?

ALAIN Vous vouliez le séchoir ?

VÉRONIQUE Merci.

MICHEL Merci. *(S'emparant du séchoir :)*

Nous on s'appelle darjeeling, comme le thé. À mon avis c'est nettement plus ridicule ! *(Michel branche l'appareil et entreprend de sécher les livres. Véronique aplatit les feuilles mouillées.)* Lisse bien, lisse bien.

VÉRONIQUE, *par-dessus le bruit et tandis qu'elle lisse*   Comment se sent-elle la pauvre, mieux ?

ALAIN   Mieux.

VÉRONIQUE   J'ai très mal réagi, j'ai honte.

ALAIN   Mais non.

VÉRONIQUE   Je l'ai accablée avec mon catalogue, je n'en reviens pas.

MICHEL   Tourne la page. Tends-la, tends-la bien.

ALAIN   Vous allez la déchirer.

VÉRONIQUE   C'est vrai… Ça suffit Michel, c'est sec. On tient absurdement à des choses, on ne sait même pas pourquoi au fond.

Michel referme le catalogue qu'ils recouvrent tous deux d'un petit monticule de gros livres.

Michel sèche le Foujita, les Dolganes etc.

MICHEL   Et voilà ! Impec. Et d'où ça vient toutou ?

ALAIN   D'une chanson de Paolo Conte qui fait wa, wa, wa.

MICHEL   Je la connais ! Je la connais ! *(Chantonne.)* Wa, wa, wa !... Toutou ! Ha ! ha !... Et nous c'est une variation de darling, après un voyage de noces en Inde. C'est con !

VÉRONIQUE   Je ne devrais pas aller la voir ?

MICHEL   Vas-y darjeeling.

VÉRONIQUE   J'y vais ?... *(Retour d'Annette.)*... Oh Annette ! Je m'inquiétais... Vous êtes mieux ?

ANNETTE   Je crois.

ALAIN   Si tu n'es pas sûre, tiens-toi loin de la table basse.

ANNETTE   J'ai laissé la serviette dans la baignoire, je ne savais pas où la mettre.

VÉRONIQUE   Idéal.

ANNETTE   Vous avez pu nettoyer. Je suis désolée.

MICHEL   Tout est parfait. Tout est en ordre.

VÉRONIQUE   Annette, excusez-moi, je ne me suis pour ainsi dire pas occupée de vous. Je me suis focalisée sur mon Kokoschka...

ANNETTE   Ne vous inquiétez pas.

VÉRONIQUE   J'ai eu une très mauvaise réaction.

ANNETTE   Mais non… *(Après un flottement gêné :)*… Je me suis dit une chose dans la salle de bain…

VÉRONIQUE   Oui ?

ANNETTE   Nous sommes peut-être trop vite passés sur… Enfin je veux dire…

MICHEL   Dites, dites Annette.

ANNETTE   L'insulte aussi est une agression.

MICHEL   Bien sûr.

VÉRONIQUE   Ça dépend Michel.

MICHEL   Oui ça dépend.

ANNETTE   Ferdinand ne s'est jamais montré violent. Il ne peut pas l'avoir été sans raison.

ALAIN   Il s'est fait traiter de balance !… *(Portable vibre.)*… Pardon !… *(S'écarte avec des signes d'excuse exagérés à Annette.)*… Oui… À condition qu'aucune victime ne s'exprime. Pas de victimes. Je ne veux pas que vous soyez à côté de victimes !… On nie en bloc et s'il le faut on attaque le journal… On vous faxe le projet de communiqué Maurice. *(Raccroche.)*… Si on me traite de balance, je m'énerve.

MICHEL   À moins que ce soit vrai.

ALAIN   Pardon ?

MICHEL   Je veux dire si c'est justifié.

ANNETTE   Mon fils est une balance ?

MICHEL   Mais non, je plaisantais.

ANNETTE   Le vôtre aussi si on va par là.

MICHEL   Comment ça le nôtre aussi ?

ANNETTE   Il a bien dénoncé Ferdinand.

MICHEL   Sur notre insistance !

VÉRONIQUE   Michel, on sort complètement du sujet.

ANNETTE   Peu importe. Sur votre insistance ou pas, il l'a dénoncé.

ALAIN   Annette.

ANNETTE   Quoi Annette ? *(À Michel :)* Vous pensez que mon fils est une balance ?

MICHEL   Je ne pense rien du tout.

ANNETTE   Alors si vous ne pensez rien, ne dites rien. Ne faites pas ces réflexions insinuantes.

VÉRONIQUE   Annette, gardons notre calme. Michel et moi nous efforçons d'être conciliants, et modérés…

ANNETTE   Pas si modérés.

VÉRONIQUE   Ah bon ? Pourquoi ?

ANNETTE   Modérés en surface.

ALAIN   Toutou, il faut vraiment que j'y aille...

ANNETTE   Sois lâche, vas-y.

ALAIN   Annette, en ce moment je risque mon plus gros client, alors ces pinailleries de parents responsables...

VÉRONIQUE   Mon fils a perdu deux dents. Deux incisives.

ALAIN   Oui, oui, on va finir par le savoir.

VÉRONIQUE   Dont une définitivement.

ALAIN   Il en aura d'autres, on va lui en mettre d'autres ! Des mieux ! On lui a pas crevé le tympan !

ANNETTE   Nous avons tort de ne pas considérer l'origine du problème.

VÉRONIQUE   Il n'y a pas d'origine. Il y a un enfant de onze ans qui frappe. Avec un bâton.

ALAIN   Armé d'un bâton.

MICHEL   Nous avons retiré ce mot.

ALAIN   Vous l'avez retiré parce que nous avons émis une objection.

MICHEL   Nous l'avons retiré sans discuter.

ALAIN   Un mot qui exclut délibérément l'erreur, la maladresse, qui exclut l'enfance.

VÉRONIQUE   Je ne suis pas sûre de pouvoir supporter ce ton.

ALAIN   Nous avons du mal à nous accorder vous et moi, depuis le début.

VÉRONIQUE   Monsieur, il n'y a rien de plus odieux que de s'entendre reprocher ce qu'on a soi-même considéré comme une erreur. Le mot « armé » ne convenait pas, nous l'avons changé. Cependant, si on s'en tient à la stricte définition du mot, son usage n'est pas abusif.

ANNETTE   Ferdinand s'est fait insulter et il a réagi. Si on m'attaque, je me défends surtout si je suis seule face à une bande.

MICHEL   Ça vous a requinquée de dégobiller.

ANNETTE   Vous mesurez la grossièreté de cette phrase.

MICHEL   Nous sommes des gens de bonne volonté. Tous les quatre, j'en suis sûr. Pourquoi se laisser déborder par des irritations, des crispations inutiles ?...

VÉRONIQUE   Oh Michel, ça suffit ! Cessons de vouloir temporiser. Puisque nous sommes modérés en surface, ne le soyons plus !

MICHEL   Non, non, je refuse de me laisser entraîner sur cette pente.

ALAIN   Quelle pente ?

MICHEL   La pente lamentable où ces deux petits cons nous ont mis ! Voilà !

ALAIN   J'ai peur que Véro n'adhère pas à cette vision des choses.

VÉRONIQUE   Véronique !

ALAIN   Pardon.

VÉRONIQUE   Bruno est un petit con maintenant le pauvre. C'est un comble !

ALAIN   Bon, allez, là vraiment il faut que je vous quitte.

ANNETTE   Moi aussi.

VÉRONIQUE   Allez-y, allez-y, moi je lâche prise.

Le téléphone des Houllié sonne.

MICHEL   Allô ?... Ah maman... Non, non, nous sommes avec des amis mais dis-moi. ...

Oui, supprime-les, fais ce qu'ils te disent. ... Tu prends de l'Antril ?! Attends, attends maman ne quitte pas... *(À Alain :)* C'est l'Antril votre saloperie ? Ma mère en prend !...

ALAIN   Des milliers de gens en prennent.

MICHEL   Alors celui-là tu l'arrêtes immédiatement. Tu entends maman ? Sur-le-champ. ... Ne discute pas. Je t'expliquerai. ... Tu dis au docteur Perolo que c'est moi qui te l'interdis. ... Pourquoi rouges ?... Pour que qui te voie ?... C'est complètement idiot... Bon, on en reparle tout à l'heure. Je t'embrasse maman. Je te rappelle. *(Il raccroche.)*... Elle a loué des béquilles rouges pour ne pas se faire écraser par des camions. Au cas où dans son état elle irait se balader la nuit sur une autoroute. On lui donne de l'Antril pour son hypertension !

ALAIN   Si elle en prend et qu'elle a l'air normal, je la fais citer comme témoin. Je n'avais pas une écharpe ? Ah la voilà.

MICHEL   Je n'apprécie pas du tout votre cynisme. Si ma mère présente le moindre symptôme, vous me verrez en tête d'une class action.

ALAIN   On l'aura de toute façon.

MICHEL   Je le souhaite.

ANNETTE   Au revoir madame...

Le dieu du carnage

VÉRONIQUE   Ça ne sert à rien de bien se comporter. L'honnêteté est une idiotie, qui ne fait que nous affaiblir et nous désarmer...

ALAIN   Bon, allons-y Annette, on en a assez pour aujourd'hui en prêches et sermons.

MICHEL   Partez, partez. Mais laissez-moi vous dire : depuis que je vous ai rencontrés, il me semble que, comment s'appelle-t-il, Ferdinand a des circonstances assez atténuantes.

ANNETTE   Quand vous avez tué ce hamster...

MICHEL   Tué ?!

ANNETTE   Oui.

MICHEL   J'ai tué le hamster ?!

ANNETTE   Oui. Vous vous efforcez de nous culpabiliser, vous avez mis la vertu dans votre poche alors que vous êtes un assassin vous-même.

MICHEL   Je n'ai absolument pas tué ce hamster !

ANNETTE   C'est pire. Vous l'avez laissé tremblant d'angoisse dans un milieu hostile. Ce pauvre hamster a dû être mangé par un chien ou un rat.

VÉRONIQUE   Ça c'est vrai ! Ça c'est vrai !

MICHEL   Comment ça, ça c'est vrai !

VÉRONIQUE   Ça c'est vrai. Qu'est-ce que tu veux ! C'est affreux ce qui a dû arriver à cette bête.

MICHEL   Je pensais que le hamster serait heureux en liberté, pour moi il allait se mettre à courir dans le caniveau ivre de joie !

VÉRONIQUE   Il ne l'a pas fait.

ANNETTE   Et vous l'avez abandonné.

MICHEL   Je ne peux pas toucher ces bêtes ! Je ne peux pas toucher cette famille-là, merde, tu le sais bien Véro !

VÉRONIQUE   Il a peur des rongeurs.

MICHEL   Oui, je suis effrayé par les rongeurs, les reptiles me terrorisent, je n'ai aucune affinité avec ce qui est près du sol ! Voilà !

ALAIN, *à Véronique*   Et vous, pourquoi vous n'êtes pas descendue le chercher ?

VÉRONIQUE   Mais j'ignorais tout voyons ! Michel nous a dit aux enfants et à moi que le hamster s'était enfui le lendemain matin. Je suis descendue tout de suite, tout de suite, j'ai fait le tour du pâté, je suis même allée à la cave.

MICHEL   Véronique, je trouve odieux d'être subitement sur la sellette pour cette histoire de hamster que tu as cru bon de raconter. C'est une affaire personnelle qui ne regarde que nous et qui n'a rien à voir avec la situation présente ! Et je trouve inconcevable de me faire traiter d'assassin ! Dans ma maison !

VÉRONIQUE   Qu'est-ce que ta maison a à voir là-dedans ?

MICHEL   Une maison dont j'ouvre les portes, dont j'ouvre grand les portes dans un esprit de conciliation, à des gens qui devraient m'en savoir gré !

ALAIN   Vous continuez à vous jeter des fleurs, c'est merveilleux.

ANNETTE   Vous n'éprouvez pas de remords ?

MICHEL   Je n'éprouve aucun remords. Cet animal m'a toujours répugné. Je suis ravi qu'il ne soit plus là.

VÉRONIQUE   Michel c'est ridicule.

MICHEL   Qu'est-ce qui est ridicule ? Tu deviens folle toi aussi ? Leur fils tabasse Bruno et on me fait chier pour un hamster ?

VÉRONIQUE   Tu t'es très mal comporté avec ce hamster, tu ne peux pas le nier.

MICHEL   Je me fous de ce hamster !

véronique   Tu ne pourras pas t'en foutre ce soir avec ta fille.

michel   Qu'elle vienne celle-là ! Je ne vais pas me faire dicter ma conduite par une morveuse de neuf ans !

alain   Là je le rejoins, à cent pour cent.

véronique   C'est lamentable.

michel   Attention Véronique, attention, jusqu'à maintenant je me suis montré pondéré mais je suis à deux doigts de verser de l'autre côté.

annette   Et Bruno ?

michel   Quoi Bruno ?

annette   Il n'est pas triste ?

michel   Bruno a d'autres soucis à mon avis.

véronique   Bruno était moins attaché à Grignote.

michel   Quel nom grotesque ça aussi !

annette   Si vous n'éprouvez aucun remords, pourquoi voulez-vous que notre fils en éprouve ?

michel   Je vais vous dire, toutes ces délibérations à la con, j'en ai par-dessus la tête. On a voulu être sympathiques, on a acheté des tulipes, ma femme m'a déguisé en type de gauche, mais la vérité est que je n'ai aucun self-control, je suis un caractériel pur.

ALAIN   On l'est tous.

VÉRONIQUE   Non. Non. Je regrette, nous ne sommes pas tous des caractériels.

ALAIN   Pas vous, bon.

VÉRONIQUE   Pas moi non, Dieu merci.

MICHEL   Pas toi darji, pas toi, toi tu es une femme évoluée, tu es à l'abri des dérapages.

VÉRONIQUE   Pourquoi tu m'agresses ?

MICHEL   Je ne t'agresse pas. Au contraire.

VÉRONIQUE   Si, tu m'agresses, tu le sais.

MICHEL   Tu as organisé ce petit raout, je me suis laissé embrigader...

VÉRONIQUE   Tu t'es laissé embrigader ?...

MICHEL   Oui.

VÉRONIQUE   C'est odieux.

MICHEL   Pas du tout. Tu milites pour la civilisation, c'est tout à ton honneur.

VÉRONIQUE   Je milite pour la civilisation, parfaitement ! Et heureusement qu'il y a des gens qui le font ! *(Au bord des larmes :)* Tu trouves que c'est mieux d'être un caractériel ?

ALAIN   Allons, allons...

VÉRONIQUE, *idem*   C'est normal de reprocher à quelqu'un de ne pas être caractériel ?...

ANNETTE   Personne ne dit ça. Personne ne vous fait ce reproche.

VÉRONIQUE   Si !...

Elle pleure.

ALAIN   Mais non !

VÉRONIQUE   Qu'est-ce qu'il fallait faire ? Porter plainte ? Ne pas se parler et s'entre-tuer par assurances interposées ?

MICHEL   Arrête Véro...

VÉRONIQUE   Arrête quoi ?!...

MICHEL   C'est disproportionné...

VÉRONIQUE   Je m'en fiche ! On s'efforce d'échapper à la mesquinerie... et on finit humilié et complètement seul...

ALAIN, *portable ayant vibré* ...   Oui... « Qu'ils le prouvent ! »... « Prouvez-le »... Mais de mon point de vue, il vaudrait mieux ne pas répondre...

MICHEL   On est tout le temps seul ! Partout ! Qui veut un petit coup de rhum ?

ALAIN   ... Maurice, je suis en rendez-vous, je vous rappelle du bureau...

Il coupe.

VÉRONIQUE   Voilà. Je vis avec un être complètement négatif.

ALAIN   Qui est négatif ?

MICHEL   Moi.

VÉRONIQUE   C'était la pire idée du monde ! On n'aurait jamais dû faire cette réunion !

MICHEL   Je te l'avais dit.

VÉRONIQUE   Tu me l'avais dit ?

MICHEL   Oui.

VÉRONIQUE   Tu m'avais dit que tu voulais pas faire cette réunion ?!

MICHEL   Je ne trouvais pas que c'était une bonne idée.

ANNETTE   C'était une bonne idée...

MICHEL   Je vous en prie !... *(Levant la bouteille de rhum :)* Quelqu'un en veut ?...

VÉRONIQUE   Tu m'avais dit que ce n'était pas une bonne idée, Michel ?!

MICHEL   Il me semble.

VÉRONIQUE Il te semble !

ALAIN Un fond de verre je veux bien.

ANNETTE Tu ne dois pas y aller ?

ALAIN Je peux boire un petit verre, au point où on en est.

Michel sert Alain.

VÉRONIQUE Regarde-moi dans les yeux et répète que nous n'étions pas d'accord sur cette question !

ANNETTE Calmez-vous, Véronique, calmez-vous, ça n'a pas de sens…

VÉRONIQUE Qui a empêché qu'on touche au clafoutis ce matin ? Qui a dit, on garde le reste du clafoutis pour les Reille ?! Qui l'a dit ?!

ALAIN C'était sympa ça.

MICHEL Quel rapport ?

VÉRONIQUE Comment quel rapport ?!

MICHEL Quand on reçoit des gens, on reçoit des gens.

VÉRONIQUE Tu mens, tu mens ! Il ment !

ALAIN Vous savez, personnellement, ma femme a dû me traîner. Quand on est élevé dans une idée johnwaynienne de la virilité, on n'a pas envie de régler ce genre de situation à coups de conversations.

MICHEL Ha, ha !

ANNETTE Je croyais que c'était Ivanhoé, le modèle.

ALAIN C'est la même lignée.

MICHEL C'est complémentaire.

VÉRONIQUE Complémentaire ! Jusqu'où tu vas t'humilier Michel !

ANNETTE Je l'ai traîné pour rien visiblement.

ALAIN Tu espérais quoi toutou ? – C'est vrai que c'est ridicule ce surnom. – Une révélation de l'harmonie universelle ? Extra ce rhum.

MICHEL Ah ! N'est-ce pas ! Cœur de Chauffe, quinze ans d'âge, direct de Sainte-Rose.

VÉRONIQUE Et les tulipes, c'est qui ! J'ai dit c'est dommage qu'on n'ait plus de tulipes mais je n'ai pas demandé qu'on se rue à Mouton-Duvernet dès l'aube.

ANNETTE Ne vous mettez pas dans cet état Véronique, c'est idiot.

VÉRONIQUE C'est lui les tulipes ! Lui seul ! On n'a pas le droit de boire nous deux ?

ANNETTE   Nous en voulons aussi Véronique et moi. Amusant entre parenthèses quelqu'un qui se réclame d'Ivanhoé et de John Wayne et qui n'est pas capable de tenir une souris dans sa main.

MICHEL   STOP avec ce hamster ! Stop !...

Il sert un verre de rhum à Annette.

VÉRONIQUE   Ha, ha ! C'est vrai, c'est risible !

ANNETTE   Et elle ?

MICHEL   Je ne pense pas que ce soit nécessaire.

VÉRONIQUE   Sers-moi Michel.

MICHEL   Non.

VÉRONIQUE   Michel !

MICHEL   Non.

Véronique tente de lui arracher la bouteille des mains. Michel résiste.

ANNETTE   Qu'est-ce qui vous prend Michel ?!

MICHEL   Allez, tiens, vas-y ! Bois, bois, quelle importance.

ANNETTE   C'est mauvais pour vous l'alcool ?

VÉRONIQUE   C'est excellent. De toute façon qu'est-ce qui peut être mauvais ?...

Elle s'effondre.

ALAIN   Bon... Alors, je ne sais pas...

VÉRONIQUE, *à Alain*   ... Monsieur, enfin...

ANNETTE   Alain.

VÉRONIQUE   Alain, nous n'avons pas d'atomes crochus vous et moi mais voyez, je vis avec un homme qui a décidé une bonne fois pour toutes que la vie était médiocre, c'est très difficile de vivre avec un homme qui s'est blotti dans ce parti pris, qui ne veut rien changer, qui ne s'emballe pour rien...

MICHEL   Il s'en tape. Il s'en tape complètement.

VÉRONIQUE   On a besoin de croire... de croire à une correction possible, non ?

MICHEL   C'est la dernière personne à qui tu peux raconter tout ça.

VÉRONIQUE   Je parle à qui je veux, merde !

MICHEL, *le téléphone sonne*   Qui nous fait chier encore ?... Oui maman... Il va bien. Enfin il va bien, il est édenté mais il va bien... Si, il a mal.

Il a mal mais ça passera. Maman je suis occupé là, je te rappelle.

ANNETTE   Il a encore mal ?

VÉRONIQUE   Non.

ANNETTE   Pourquoi inquiéter votre mère ?

VÉRONIQUE   Il ne peut pas faire autrement. Il faut toujours qu'il l'inquiète.

MICHEL   Bon ça suffit maintenant Véronique ! C'est quoi ce psychodrame ?

ALAIN   Véronique, est-ce qu'on s'intéresse à autre chose qu'à soi-même ? On voudrait bien tous croire à une correction possible. Dont on serait l'artisan et qui serait affranchie de notre propre bénéfice. Est-ce que ça existe ? Certains hommes traînent, c'est leur manière, d'autres refusent de voir le temps passer, battent le fer, quelle différence ? Les hommes s'agitent jusqu'à ce qu'ils soient morts. L'éducation, les malheurs du monde… Vous écrivez un livre sur le Darfour, bon, je comprends qu'on puisse se dire, tiens, je vais prendre un massacre, il n'y a que ça dans l'histoire, et je vais écrire dessus. On se sauve comme on peut.

VÉRONIQUE   Je n'écris pas ce livre pour me sauver moi. Vous ne l'avez pas lu, vous ne savez pas ce qu'il y a dedans.

ALAIN   Peu importe.

Flottement.

VÉRONIQUE   C'est terrible cette odeur de *Kouros* !...

MICHEL   Abominable.

ALAIN   Vous n'y avez pas été de main morte.

ANNETTE   Pardon.

VÉRONIQUE   Vous n'y êtes pour rien. C'est moi qui ai pulvérisé névrotiquement. ... Et pourquoi ne peut-on être légers, pourquoi faut-il toujours que les choses soient exténuantes ?...

ALAIN   Vous raisonnez trop. Les femmes raisonnent trop.

ANNETTE   Une réponse originale, qui vous déconcerte agréablement je suppose.

VÉRONIQUE   Je ne sais pas ce que veut dire raisonner trop. Et je ne vois pas à quoi servirait l'existence sans une conception morale du monde.

MICHEL   Voyez ma vie !

VÉRONIQUE   Tais-toi ! Tais-toi ! J'exècre cette connivence minable ! Tu me dégoûtes !

MICHEL   Un peu d'humour s'il te plaît.

VÉRONIQUE   Je n'ai aucun humour. Et je n'ai pas l'intention d'en avoir.

MICHEL   Moi je dis, le couple, la plus terrible épreuve que Dieu puisse nous infliger.

ANNETTE   Parfait.

MICHEL   Le couple, et la vie de famille.

ANNETTE   Vous n'êtes pas censé nous faire partager vos vues Michel. Je trouve ça même un peu indécent.

VÉRONIQUE   Ça ne le gêne pas.

MICHEL   Vous n'êtes pas d'accord ?

ANNETTE   Ces considérations sont hors de propos. Alain, dis quelque chose.

ALAIN   Il a le droit de penser ce qu'il veut.

ANNETTE   Il n'est pas obligé d'en faire la publicité.

ALAIN   Oui, bon, peut-être…

ANNETTE   On se fiche de leur vie conjugale. On est là pour régler un problème d'enfants, on se fiche de leur vie conjugale.

ALAIN   Oui, enfin…

ANNETTE   Enfin quoi ? Qu'est-ce que tu veux dire ?

ALAIN   C'est lié.

MICHEL   C'est lié ! Bien sûr que c'est lié !

VÉRONIQUE   Que Bruno se fasse casser deux dents est lié à notre vie conjugale ?!

MICHEL   Évidemment.

ANNETTE   Nous ne vous suivons pas.

MICHEL   Renversez la proposition. Et admirez la situation où nous sommes. Les enfants absorbent notre vie, et la désagrègent. Les enfants nous entraînent au désastre, c'est une loi. Quand tu vois les couples qui s'embarquent en riant dans le matrimonial, tu te dis ils ne savent pas, ils ne savent rien les pauvres, ils sont contents. On ne vous dit rien au départ. J'ai un copain de l'armée qui va avoir un enfant avec une nouvelle fille. Je lui ai dit, un enfant à nos âges, quelle folie ! Les dix, quinze ans qui nous restent de bons avant le cancer ou le stroke, tu vas te faire chier avec un môme ?

ANNETTE   Vous ne pensez pas ce que vous dites.

VÉRONIQUE   Il le pense.

MICHEL Bien sûr que je le pense. Je pense même pire.

VÉRONIQUE Oui.

ANNETTE Vous vous avilissez Michel.

MICHEL Ah bon ? Ha, ha !

ANNETTE Arrêtez de pleurer Véronique, vous voyez bien que ça le galvanise.

MICHEL, *à Alain qui remplit son verre vide* Allez-y, allez-y, exceptionnel non ?

ALAIN Exceptionnel.

MICHEL Je peux vous offrir un cigare ?...

VÉRONIQUE Non, pas de cigare ici !

ALAIN Tant pis.

ANNETTE Tu ne t'apprêtais pas à fumer un cigare Alain !

ALAIN Je fais ce que je veux Annette, si je veux accepter un cigare, j'accepte un cigare. Que je ne fumerai pas pour ne pas énerver Véronique qui est déjà plus qu'à cran. Elle a raison, arrêtez de renifler, quand une femme pleure, un homme est aussitôt poussé aux dernières extrémités. Encore que le point de vue de Michel, j'ài le regret de le dire, soit parfaitement fondé. *(Vibration du portable.)*... Oui

Le dieu du carnage

Serge... Vas-y... Mets Paris, le... et une heure précise...

ANNETTE   C'est infernal !

ALAIN, *s'écartant et à voix feutrée pour échapper au courroux*   ... L'heure à laquelle tu l'envoies. Il faut que ce soit tout chaud sorti du four. ... Non, pas « s'étonne ». « Dénonce ». S'étonne c'est mou...

ANNETTE   Je vis ça du matin au soir, du matin au soir il est accroché à ce portable ! Nous avons une vie hachée par le portable !

ALAIN   Heu... Une seconde... *(Couvrant le téléphone :)*... Annette, c'est très important !...

ANNETTE   C'est toujours très important. Ce qui se passe à distance est toujours plus important.

ALAIN, *reprenant* ...   Vas-y... Oui... Pas « procédé ». « Manœuvre ». Une manœuvre, qui intervient à quinze jours de la reddition des comptes etc.

ANNETTE   Dans la rue, à table, n'importe où...

ALAIN   ... Une étude entre guillemets ! Tu mets étude entre guillemets. ...

ANNETTE   Je ne dis plus rien. Capitulation totale. J'ai de nouveau envie de vomir.

MICHEL	Où est la cuvette ?
VÉRONIQUE	Je ne sais pas.

ALAIN … Tu n'as qu'à me citer : « Il s'agit d'une lamentable tentative de manipulation du cours… »

VÉRONIQUE Elle est là. Je vous en prie, allez-y.

MICHEL Véro.

VÉRONIQUE Tout va bien. On est équipés maintenant.

ALAIN « … du cours et de déstabilisation de mon client », affirme maître Reille, avocat de la société Verenz-Pharma. … A.F.P., Reuter, presse généraliste, presse spécialisée, tutti frutti…

Il raccroche.

MICHEL	Elle a de nouveau envie de vomir.
ALAIN	Mais qu'est-ce que tu as !
ANNETTE	Ta tendresse me touche.
ALAIN	Je m'inquiète !
ANNETTE	Excuse-moi. Je n'avais pas compris.
ALAIN	Oh Annette, je t'en prie ! On ne

va pas s'y mettre nous aussi ! Ils s'engueulent, leur couple est déliquescent, on n'est pas obligés de leur faire concurrence !

VÉRONIQUE   Qu'est-ce qui vous permet de dire que notre couple est déliquescent ! De quel droit ?

ALAIN, *portable vibre...*   On vient de me le lire. On vous l'envoie Maurice... Manipulation, manipulation du cours. À tout de suite. *(Raccroche.)*... Ce n'est pas moi qui le dis c'est François.

VÉRONIQUE   Michel.

ALAIN   Michel, pardon.

VÉRONIQUE   Je vous défends de porter le moindre jugement sur notre famille.

ALAIN   Ne portez pas de jugement sur mon fils non plus.

VÉRONIQUE   Mais ça n'a rien à voir ! Votre fils a brutalisé le nôtre !

ALAIN   Ils sont jeunes, ce sont des gamins, de tout temps les gamins se sont castagnés dans les cours de récré. C'est une loi de la vie.

VÉRONIQUE   Non, non !...

ALAIN   Mais si. Il faut un certain apprentissage pour substituer le droit à la violence. À l'origine je vous rappelle, le droit c'est la force.

VÉRONIQUE   Chez les hommes préhistoriques peut-être. Pas chez nous.

ALAIN   Chez nous ! Expliquez-moi chez nous.

VÉRONIQUE   Vous me fatiguez, je suis fatiguée de ces conversations.

ALAIN   Véronique, moi je crois au dieu du carnage. C'est le seul qui gouverne, sans partage, depuis la nuit des temps. Vous vous intéressez à l'Afrique n'est-ce pas… *(À Annette qui a un haut-le-cœur :)*… Ça ne va pas ?…

ANNETTE   Ne t'occupe pas de moi.

ALAIN   Mais si.

ANNETTE   Tout va bien.

ALAIN   Il se trouve que je reviens du Congo, voyez-vous. Là-bas, des gosses sont entraînés à tuer à l'âge de huit ans. Dans leur vie d'enfant, ils peuvent tuer des centaines de gens, à la mâchette, au twelve, au kalachnikov, au grenade launcher, alors comprenez que lorsque mon fils casse une dent, même deux, à un camarade avec une tige de bambou, square de l'Aspirant-Dunant, je sois moins disposé que vous à l'effroi et à l'indignation.

VÉRONIQUE   Vous avez tort.

ANNETTE, *accentuant l'accent anglais*
Grenade launcher !...

ALAIN   Oui, c'est comme ça que ça s'appelle.

Annette crache dans la cuvette.

MICHEL   Ça va ?

ANNETTE   ... Parfaitement.

ALAIN   Mais qu'est-ce que tu as ? Qu'est-ce qu'elle a ?

ANNETTE   C'est de la bile ! C'est rien !

VÉRONIQUE   Ne m'apprenez pas l'Afrique. Je suis très au fait du martyre africain, je suis plongée dedans depuis des mois...

ALAIN   Je n'en doute pas. D'ailleurs le procureur de la C.P.I. a ouvert une enquête sur le Darfour...

VÉRONIQUE   Vous ne pensez pas me l'apprendre ?

MICHEL   Ne la lancez pas là-dessus ! Par pitié !

Véronique se jette sur son mari et le tape, plusieurs fois, avec un désespoir désordonné et irrationnel. Alain la tire.

ALAIN   Je commence à vous trouver sympathique vous savez !

VÉRONIQUE   Pas moi !

MICHEL   Elle se déploie pour la paix et la stabilité dans le monde.

VÉRONIQUE   Tais-toi !

Annette a un haut-le-cœur.
Elle prend son verre de rhum et le porte à sa bouche.

MICHEL   Vous êtes sûre ?

ANNETTE   Si, si, ça me fera du bien.

Véronique l'imite.

VÉRONIQUE   Nous vivons en France. Nous ne vivons pas à Kinshasa ! Nous vivons en France avec les codes de la société occidentale. Ce qui se passe square de l'Aspirant-Dunant relève des valeurs de la société occidentale ! À laquelle, ne vous déplaise, je suis heureuse d'appartenir !

MICHEL   Battre son mari doit faire partie des codes…

VÉRONIQUE   Michel, ça va mal se terminer.

ALAIN   Elle s'est jetée sur vous avec une furia. À votre place, je serais attendri.

VÉRONIQUE   Je peux recommencer tout de suite.

ANNETTE   Il se moque de vous, vous vous en rendez compte ?

VÉRONIQUE   Je m'en fous.

ALAIN   Au contraire. La morale nous prescrit de dominer nos pulsions mais parfois il est bon de ne pas les dominer. On n'a pas envie de baiser en chantant l'*Agnus Dei*. On le trouve ici ce rhum ?

MICHEL   De ce millésime, m'étonnerait !

ANNETTE   Grenade launcher ! Ha, ha !...

VÉRONIQUE, *idem*   Grenade launcher, c'est vrai !

ALAIN   Oui. Grenade launcher.

ANNETTE   Pourquoi tu ne dis pas lanceur de grenades ?

ALAIN   Parce qu'on dit grenade launcher. Personne ne dit lanceur de grenades. De même qu'on ne dit pas canon de douze, on dit twelve.

ANNETTE   C'est qui « on » ?

ALAIN   Ça suffit Annette. Ça suffit.

ANNETTE   Les grands baroudeurs, comme

mon mari, ont du mal, il faut les comprendre, à s'intéresser aux événements de quartier.

ALAIN   Exact.

VÉRONIQUE   Je ne vois pas pourquoi. Je ne vois pas pourquoi. Nous sommes citoyens du monde. Je ne vois pas pourquoi il faudrait lâcher sur le terrain de la proximité.

MICHEL   Oh Véro ! Épargne-nous ces formules à la mords-moi le nœud !

VÉRONIQUE   Je vais le tuer.

ALAIN, *portable a vibré* ...   Oui, oui enlève « lamentable »... « Grossière ». Il s'agit d'une grossière tentative de... Voilà...

VÉRONIQUE   Elle a raison, ça devient intolérable !

ALAIN   ... Sinon il approuve le reste ?... Bon, bon. Très bien. *(Raccroche.)*... Qu'est-ce qu'on disait ?... Grenade launcher ?...

VÉRONIQUE   Je disais, n'en déplaise à mon mari, qu'il n'y a pas d'endroit meilleur qu'un autre pour exercer notre vigilance.

ALAIN   Vigilance... Oui... Annette, c'est absurde de boire dans ton état...

ANNETTE   Quel état ? Au contraire.

Le dieu du carnage

ALAIN   C'est intéressant cette notion... *(Portable.)*... Oui, non, aucune interview avant la diffusion du communiqué...

VÉRONIQUE   Monsieur, je vous somme d'interrompre cette conversation éprouvante !

ALAIN   ... Surtout pas... Les actionnaires s'en foutront... Rappelle-lui la souveraineté des actionnaires... (*Annette se dirige vers Alain, lui arrache le portable et... après avoir brièvement cherché où le mettre... le plonge dans le vase de tulipes.*) Annette, qu'est-ce... !!!

ANNETTE   Et voilà.

VÉRONIQUE   Ha, ha ! Bravo !

MICHEL, *horrifié*   Oh là là !

ALAIN   Mais tu es complètement démente ! Merde !!!

Il se rue vers le vase mais Michel qui l'a précédé sort l'appareil trempé.

MICHEL   Le séchoir ! Où est le séchoir ?!

Il le trouve et le met aussitôt en marche direction le portable.

ALAIN   Il faut t'interner ma pauvre !

C'est ahurissant !... J'ai tout là-dedans !... Il est neuf, j'ai mis des heures à le configurer !

MICHEL, *à Annette ; par-dessus le bruit infernal du séchoir* Vraiment je ne vous comprends pas. C'est un geste irresponsable.

ALAIN   J'ai tout, j'ai ma vie entière...

ANNETTE   Sa vie entière !...

MICHEL, *toujours le bruit* Attendez, on va peut-être le récupérer...

ALAIN   Mais non ! C'est foutu !...

MICHEL   On va retirer la batterie et la puce. Vous pouvez l'ouvrir ?

ALAIN, *essayant de l'ouvrir sans y croire* J'y connais rien, je viens de l'avoir...

MICHEL   Montrez.

ALAIN   C'est foutu... Et ça les fait rire, ça les fait rire !...

MICHEL, *il l'ouvre sans difficulté* Voilà. (*Réattaquant avec le séchoir après avoir disposé les éléments :*) Au moins toi Véronique, tu pourrais avoir le bon goût de ne pas trouver ça drôle !

VÉRONIQUE, *riant de bon cœur* Mon mari aura passé son après-midi à sécher des choses !

ANNETTE   Ha, ha, ha !

Annette n'hésite pas à se resservir du rhum.
Michel, imperméable à tout humour, s'active avec le plus grand soin.

Pendant un moment, seul le bruit du séchoir règne.
Alain est effondré.

ALAIN   Laissez mon vieux. Laissez. On ne peut rien faire...

Michel finit par arrêter le séchoir.

MICHEL   Il faut attendre... *(Après un flottement :)* Vous voulez utiliser le téléphone ?... *(Alain fait signe que non et qu'il s'en fout.)* Je dois dire...

ANNETTE   Qu'est-ce que vous voulez dire Michel ?

MICHEL   Non... Je ne vois même pas quoi dire.

ANNETTE   Moi je trouve qu'on se sent bien. On se sent mieux je trouve. *(Flottement.)*... On se sent tranquilles, non ?... Les hommes sont tellement accrochés à leurs accessoires... Ça les diminue... Ça leur enlève toute autorité... Un homme doit être libre de ses mains... Je trouve. Même une mallette, ça me gêne. Un jour un homme m'a plu et puis je l'ai vu avec un sac rectangulaire en bandoulière, un sac en bandoulière d'homme, mais enfin c'était fini. Le sac en bandoulière c'est ce qu'il y a de pire. Mais le portable à portée de main est aussi ce qu'il y a de pire. Un homme doit donner l'impression d'être seul... Je trouve. Je veux dire de pouvoir être seul... Moi aussi j'ai une idée johnwaynienne de la virilité. Qu'est-ce qu'il avait lui ? Un colt. Un truc qui fait le vide... Un homme qui ne donne pas l'impression d'être un solitaire n'a pas de consistance... Alors Michel vous êtes content. Ça se désagrège un peu notre petit... Comment vous avez dit ?... J'ai oublié le mot... Mais finalement... on se sent presque bien... Je trouve.

MICHEL   Je vous préviens quand même que le rhum rend dingue.

ANNETTE   Je suis on ne peut plus normale.

MICHEL   Bien sûr.

ANNETTE   Je commence à voir les choses avec une agréable sérénité.

VÉRONIQUE   Ha, ha ! C'est la meilleure !... Une agréable sérénité !

MICHEL   Quant à toi darjeeling, je ne vois pas l'utilité de te déglinguer ouvertement.

VÉRONIQUE   Boucle-la.

Michel va chercher la boîte à cigares.

MICHEL Choisissez Alain. Détendez-vous.

VÉRONIQUE On ne fume pas le cigare dans la maison !

MICHEL Hoyo ou D4... Hoyo du maire, Hoyo du député...

VÉRONIQUE On ne fume pas dans une maison où un enfant est asthmatique !

ANNETTE Qui est asthmatique ?

VÉRONIQUE Notre fils.

MICHEL On avait bien une saloperie de hamster.

ANNETTE C'est vrai qu'un animal n'est pas recommandé quand on a de l'asthme.

MICHEL Pas du tout recommandé !

ANNETTE Même un poisson rouge peut s'avérer contre-indiqué.

VÉRONIQUE Je suis obligée d'écouter ces inepties ? *(Elle arrache des mains de Michel la cave à cigares qu'elle ferme brutalement.)* Je regrette, je suis sans doute la seule à ne pas voir les choses avec une agréable sérénité ! D'ailleurs, je n'ai jamais été aussi malheureuse. Je pense que c'est le jour de ma vie où j'aurai été la plus malheureuse.

MICHEL   Boire te rend malheureuse.

VÉRONIQUE   Michel, chaque mot que tu prononces m'anéantit. Je ne bois pas. Je bois une goutte de ta merde de rhum que tu présentes comme si tu montrais le saint suaire à des ouailles, je ne bois pas et je le regrette amèrement, je serais soulagée de pouvoir m'enfuir dans un petit verre au moindre chagrin.

ANNETTE   Mon mari aussi est malheureux. Regardez-le. Il est voûté. Il a l'air abandonné au bord d'un chemin. Je crois que c'est le jour le plus malheureux de sa vie aussi.

ALAIN   Oui.

ANNETTE   Je suis désolée toutou.

Michel remet un coup de séchoir sur les éléments du portable.

VÉRONIQUE   Arrête ce séchoir ! Il est mort son truc.

MICHEL, *téléphone sonne*   Oui !... Maman je t'ai dit que nous étions occupés... Parce que c'est un médicament qui peut te tuer ! C'est du poison !... Quelqu'un va t'expliquer... *(Passant le combiné à Alain :)*... Dites-lui.

ALAIN   Dites-lui quoi ?...

MICHEL   Ce que vous savez sur votre cochonnerie.

ALAIN   … Comment ça va madame ?…

ANNETTE   Qu'est-ce qu'il peut lui dire ? Il ne sait rien !

ALAIN   … Oui… Et vous avez mal ?… Bien sûr. Mais l'opération va vous sauver… L'autre jambe aussi, ah oui. Non, non, je ne suis pas orthopédiste… *(En aparté :)*… Elle m'appelle docteur…

ANNETTE   Docteur, c'est grotesque, raccroche !

ALAIN   Mais vous… je veux dire vous n'avez aucun problème d'équilibre ?… Mais non. Pas du tout. Pas du tout. N'écoutez pas ce qu'on vous dit. Néanmoins, c'est aussi bien si vous l'arrêtez pendant un moment. Le temps… le temps de vous faire opérer tranquillement… Oui, on sent que vous êtes en forme…

Michel lui arrache le combiné.

MICHEL   Bon maman, tu as compris, tu arrêtes ce médicament, pourquoi faut-il que tu discutes tout le temps, tu l'arrêtes, tu fais ce qu'on te dit, je te rappelle… Je t'embrasse, on t'embrasse. *(Raccroche.)* Elle m'épuise. Qu'est-ce qu'on s'emmerde dans la vie !

ANNETTE   Bon alors, finalement ? Je reviens ce soir avec Ferdinand ? Faudrait se décider. On a l'air de s'en foutre. On est quand même là pour ça je vous signale.

VÉRONIQUE   Maintenant c'est moi qui vais avoir un malaise. Où est la cuvette ?

MICHEL, *retirant la bouteille de rhum de la portée d'Annette*   Ça suffit.

ANNETTE   À mon avis, il y a des torts des deux côtés. Voilà. Des torts des deux côtés.

VÉRONIQUE   Vous êtes sérieuse ?

ANNETTE   Pardon ?

VÉRONIQUE   Vous pensez ce que vous dites ?

ANNETTE   Je le pense. Oui.

VÉRONIQUE   Notre fils Bruno, à qui j'ai dû donner deux Efferalgan codéinés cette nuit a tort ?!

ANNETTE   Il n'est pas forcément innocent.

VÉRONIQUE   Foutez le camp ! Je vous ai assez vus. *(Elle se saisit du sac d'Annette et le balance vers la porte.)* Foutez le camp !

ANNETTE   Mon sac !... *(Comme une petite fille :)* Alain !...

MICHEL   Mais qu'est-ce qui se passe ? Elles sont déchaînées.

ANNETTE, *ramassant ce qui peut être éparpillé*   Alain, au secours !...

VÉRONIQUE   Alain-au-secours !

ANNETTE   La ferme !... Elle a cassé mon poudrier ! Et mon vaporisateur ! *(À Alain :)* Défends-moi, pourquoi tu ne me défends pas ?...

ALAIN   On s'en va.

Il s'apprête à récupérer les éléments de son portable.

VÉRONIQUE   Je ne suis pas en train de l'étrangler !

ANNETTE   Qu'est-ce que je vous ai fait ?!

VÉRONIQUE   Il n'y a pas de torts des deux côtés ! On ne confond pas les victimes et les bourreaux !

ANNETTE   Les bourreaux !

MICHEL   Oh tu fais chier Véronique, on en a marre de ce boniment simpliste !

VÉRONIQUE   Que je revendique.

MICHEL   Oui, oui, tu revendiques, tu revendiques, ça déteint sur tout maintenant ton engouement pour les nègres du Soudan.

VÉRONIQUE   Je suis épouvantée. Pourquoi tu te montres sous ce jour horrible ?

MICHEL   Parce que j'ai envie. J'ai envie de me montrer sous un jour horrible.

VÉRONIQUE   Un jour vous comprendrez l'extrême gravité de ce qui se passe dans cette partie du monde et vous aurez honte de votre inertie et de ce nihilisme infect.

MICHEL   Mais tu es formidable darjeeling, la meilleure d'entre nous !

VÉRONIQUE   Oui. Oui.

ANNETTE   Filons Alain, ce sont des monstres ces gens !

Elle finit son verre et va reprendre la bouteille.

ALAIN, *l'en empêchant ...*   Arrête Annette.

ANNETTE   Non, je veux encore boire, je veux me saouler la gueule, cette conne balance mes affaires et personne ne bronche, je veux être ivre !

ALAIN   Tu l'es assez.

ANNETTE   Pourquoi tu laisses traiter ton fils de bourreau ? On vient dans leur maison pour arranger les choses et on se fait insulter, et brutaliser, et imposer des cours de citoyenneté planétaire, notre fils a bien fait de cogner le vôtre, et vos droits de l'homme je me torche avec !

MICHEL   Un petit coup de gnôle et hop le vrai visage apparaît. Où est passée la femme avenante et réservée, avec une douceur de traits...

VÉRONIQUE   Je te l'avais dit ! Je te l'avais dit !

ALAIN   Qu'est-ce que vous aviez dit ?

VÉRONIQUE   Qu'elle était fausse. Elle est fausse cette femme. Je regrette.

ANNETTE, *avec détresse*   Ha, ha, ha !...

ALAIN   À quel moment vous l'avez dit ?

VÉRONIQUE   Quand vous étiez dans la salle de bain.

ALAIN   Vous la connaissiez depuis un quart d'heure mais vous saviez qu'elle était fausse.

VÉRONIQUE   Je sens ça tout de suite chez les gens.

MICHEL   C'est vrai.

VÉRONIQUE   J'ai un feeling pour ce genre de choses.

ALAIN   Fausse, c'est-à-dire ?

ANNETTE Je ne veux pas entendre ! Pourquoi tu m'obliges à supporter ça Alain !

ALAIN Calme-toi toutou.

VÉRONIQUE C'est une arrondisseuse d'angles. Point. En dépit de ses manières. Elle n'est pas plus concernée que vous.

MICHEL C'est vrai.

ALAIN C'est vrai.

VÉRONIQUE C'est vrai ! Vous dites c'est vrai ?

MICHEL Ils s'en tapent ! Ils s'en tapent depuis le début, c'est évident ! Elle aussi, tu as raison !

ALAIN Pas vous peut-être ? *(À Annette :)* Laisse parler mon amour. Expliquez-moi en quoi vous êtes concerné Michel. Que veut dire ce mot d'abord ? Vous êtes plus crédible quand vous vous montrez sous un jour horrible. À vrai dire personne n'est concerné ici, sauf Véronique à qui il faut, c'est vrai, reconnaître cette intégrité.

VÉRONIQUE Ne me reconnaissez rien ! Ne me reconnaissez rien !

ANNETTE Mais moi je le suis. Je suis tout à fait concernée.

ALAIN Nous le sommes sous le mode hystérique Annette, non comme des héros de la vie sociale. *(À Véronique :)* J'ai vu votre amie Jane Fonda l'autre jour à la télé, j'étais à deux doigts d'acheter un poster du Ku Klux Klan...

VÉRONIQUE   Pourquoi mon amie ? Qu'est-ce que Jane Fonda vient faire là-dedans !...

ALAIN   Parce que vous êtes de la même espèce. Vous faites partie de la même catégorie de femmes, les femmes investies, solutionnantes, ce n'est pas ce qu'on aime chez les femmes, ce qu'on aime chez les femmes c'est la sensualité, la folie, les hormones, les femmes qui font état de leur clairvoyance, les gardiennes du monde nous rebutent, même lui ce pauvre Michel, votre mari, est rebuté...

MICHEL   Ne parlez pas en mon nom !

VÉRONIQUE   On se fout complètement de ce que vous aimez chez les femmes ! D'où sort cette tirade ? Vous êtes un homme dont on se fout royalement de l'avis !

ALAIN   Elle hurle. Quartier-maître sur un thonier au dix-neuvième siècle !

VÉRONIQUE   Et elle, elle ne hurle pas ?! Quand elle dit que son petit connard a bien fait de cogner le nôtre ?

ANNETTE   Il a bien fait, oui ! Au moins on n'a pas un petit pédé qui s'écrase !

VÉRONIQUE   Vous avez une balance, c'est mieux ?

ANNETTE   Partons Alain ! Qu'est-ce qu'on fait encore dans cette baraque ? *(Elle fait mine de partir puis revient vers les tulipes qu'elle gifle violemment. Les fleurs volent, se désagrègent et s'étalent partout.)* Et tiens, tiens, voilà ce que j'en fais de vos fleurs minables, vos tulipes hideuses !… Ha, ha, ha !… *(Elle s'effondre en pleurs.)*… C'est le pire jour de ma vie aussi.

Silence.

Un long temps de stupeur.

Michel ramasse quelque chose par terre.

MICHEL, *à Annette*   C'est à vous ?…

ANNETTE, *elle prend l'étui, l'ouvre et sort les lunettes*   Merci…

MICHEL   Elles sont intactes ?…

ANNETTE   Oui…

Flottement.

MICHEL   Moi je dis… *(Alain entreprend de ramasser les tiges et les pétales.)* Laissez.

ALAIN   Mais non…

Le téléphone sonne.

Après une hésitation Véronique décroche.

VÉRONIQUE　　Oui ma chérie... Ah bon... Mais tu pourras faire tes devoirs chez Annabelle ?... Non, non chérie on ne l'a pas retrouvée... Oui, je suis allée jusqu'à Franprix. Mais tu sais, Grignote est très débrouillarde mon amour, je crois qu'il faut avoir confiance en elle. Tu penses qu'elle se plaisait dans une cage ?... Papa est triste, il ne voulait pas te faire de peine... Mais si. Mais si tu vas lui parler. Écoute mon amour, on est déjà assez embêtés avec ton frère... Elle mangera... elle mangera des feuilles... des glands, des marrons d'Inde... elle trouvera, elle sait ce qu'elle doit manger... des vers, des escargots, ce qui sera tombé des poubelles, elle est omnivore comme nous... À tout à l'heure mon trésor.

Flottement.

MICHEL　　Si ça se trouve, cette bête festoie à l'heure qu'il est.

VÉRONIQUE　　Non.

Silence.

MICHEL　　Qu'est-ce qu'on sait ?

Le dieu du carnage a été créé au théâtre Antoine, à Paris, le 25 janvier 2008

Mise en scène : Yasmina Reza
Assistant à la mise en scène : Daniel Agacinski
Décor : Thierry Flamand
Costumes : Nathalie Lecoultre
Lumières : Gaëlle de Malglaive
Son : Pierre-Jean Horville

Distribution
  Véronique : Isabelle Huppert
  Michel : André Marcon
  Annette : Valérie Bonneton
  Alain : Éric Elmosnino

COMMENT VOUS RACONTEZ
LA PARTIE

à Ivan

Éléments de décor minimaux.
Attention aux indispensables silences, temps et contretemps, qui ne sont pas indiqués.

Par ordre d'entrée :

ROSANNA ERTEL-KEVAL
NATHALIE OPPENHEIM
ROLAND BOULANGER
LE MAIRE

Prologue

Le plateau est dans le noir.

On entend Sting dans « The Hounds of Winter ».
Le son, lointain et atténué, est celui d'un bar ou d'une boîte de nuit.

Par-dessus, la voix de l'écrivain Nathalie Oppenheim, lisant, on le suppose, un extrait de livre.

VOIX DE NATHALIE — Je suis contrôleur général dans la police, dit Paul, vous vous en souvenez, Gabrielle ?
— C'est pour ça que je m'adresse à vous, Paul. Vous connaissez le milieu, vous avez des relations.
— Vous me demandez de faire disparaître quelqu'un, c'est un vrai métier, Gabrielle.
— Je m'en doute, Paul.
— C'est un contrat relativement rare, on tue assez peu en France vous savez.
J'aime beaucoup le ton qu'il prend.
— Alors tant pis ? je dis.

Il sourit.
— Et quel serait mon intérêt dans cette affaire ?
— Dites-le-moi. Qu'est-ce que vous voulez ?
— Au départ rien, mais en cas de bonne fin, un retour sur investissement honorable.
— C'est-à-dire, Paul ?
— Vous, Gabrielle.
— Moi ?
— Si nous bouclons, versement en une seule fois, pour solde de tout compte.
Je réfléchis. Paul est très calme. Il boit une petite gorgée de vin.
— En une seule fois ? je dis, c'est presque insultant.
— Parce que vous avez une conception étriquée de la séance, Gabrielle.
— ... Et si vous ne réussissez pas ?
— Je demanderai peut-être une compensation modeste pour peines et soins.

Arrivée

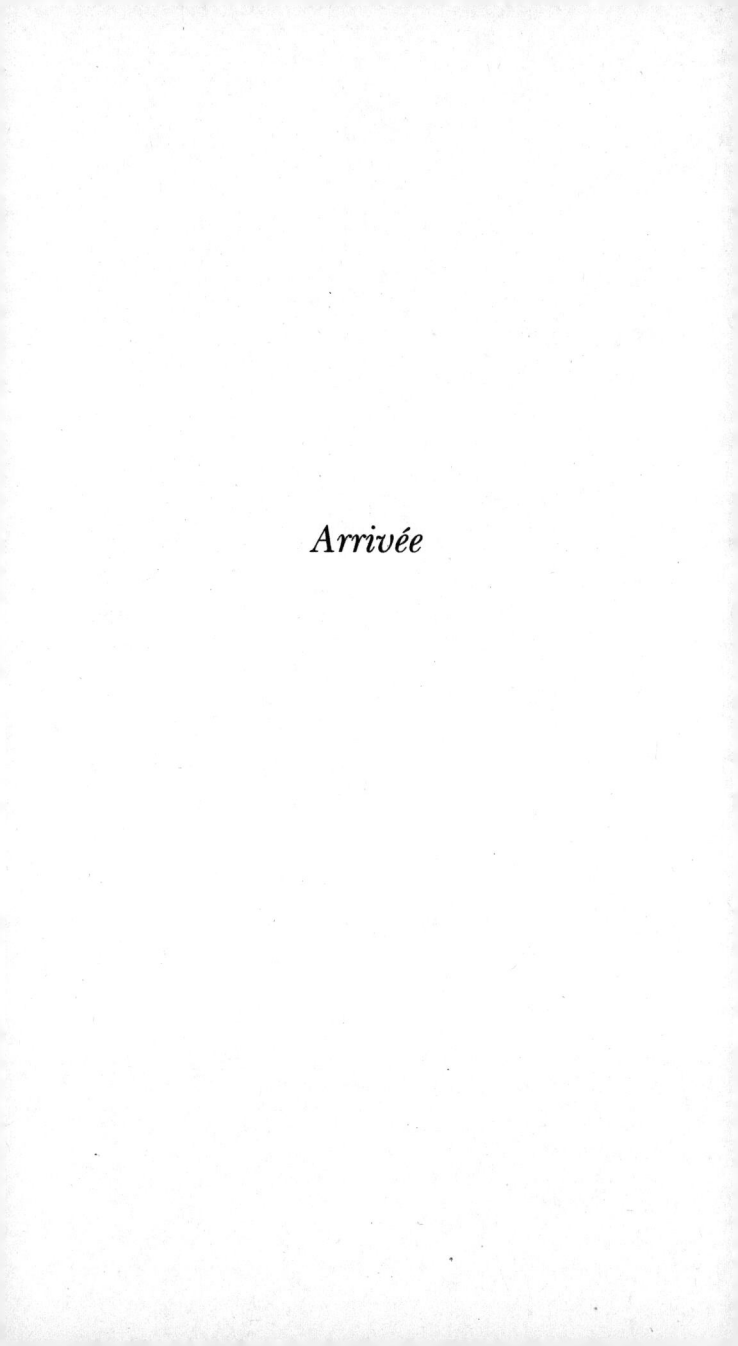

Dehors.
Lumière de soleil couchant.

Une chaise de jardin oubliée.

Plus loin, un transat sur lequel est allongée Rosanna Ertel-Keval.

Posé près d'elle, un lecteur de CD diffuse assez fort « The Hounds of Winter ».

Rosanna est en tailleur-pantalon à l'américaine, porte des lunettes de soleil et fume.
Sur ses genoux et autour, des feuilles éparses.

Rosanna prend des notes à partir d'un livre, « Le Pays des lassitudes ».
Tout autant convoquée par la musique, elle swingue sur place, et peut même chantonner quelques paroles à voix sourde...

Au bout d'un certain temps apparaît Nathalie Oppenheim en manteau d'été.

Elle porte également des lunettes de soleil.

Pas la moindre gêne chez Rosanna.
(Elle peut même ne pas éteindre la musique aussitôt.)

Sourires charmants de part et d'autre.

ROSANNA, *comme si elle était responsable du ciel* Regardez comme nous sommes bien reçues !...

NATHALIE   Merveilleux.

ROSANNA   Bon voyage ?

NATHALIE   Parfait.

ROSANNA   Je révisais ma leçon vous voyez...

NATHALIE   Je vous en prie.

ROSANNA   J'ai terminé... Au fait Nathalie, vous n'avez pas modifié le choix de vos extraits ?

NATHALIE   Non, non.

ROSANNA   Parfait. *(Désignant son exemplaire du « Pays des lassitudes » :)* Il faudra me le dédicacer !

NATHALIE   Bien sûr.

Nathalie s'est assise sur la chaise et regarde le paysage alentour.

Rosanna range ses feuilles.
Elle persiste dans une humeur musicale.

Installation

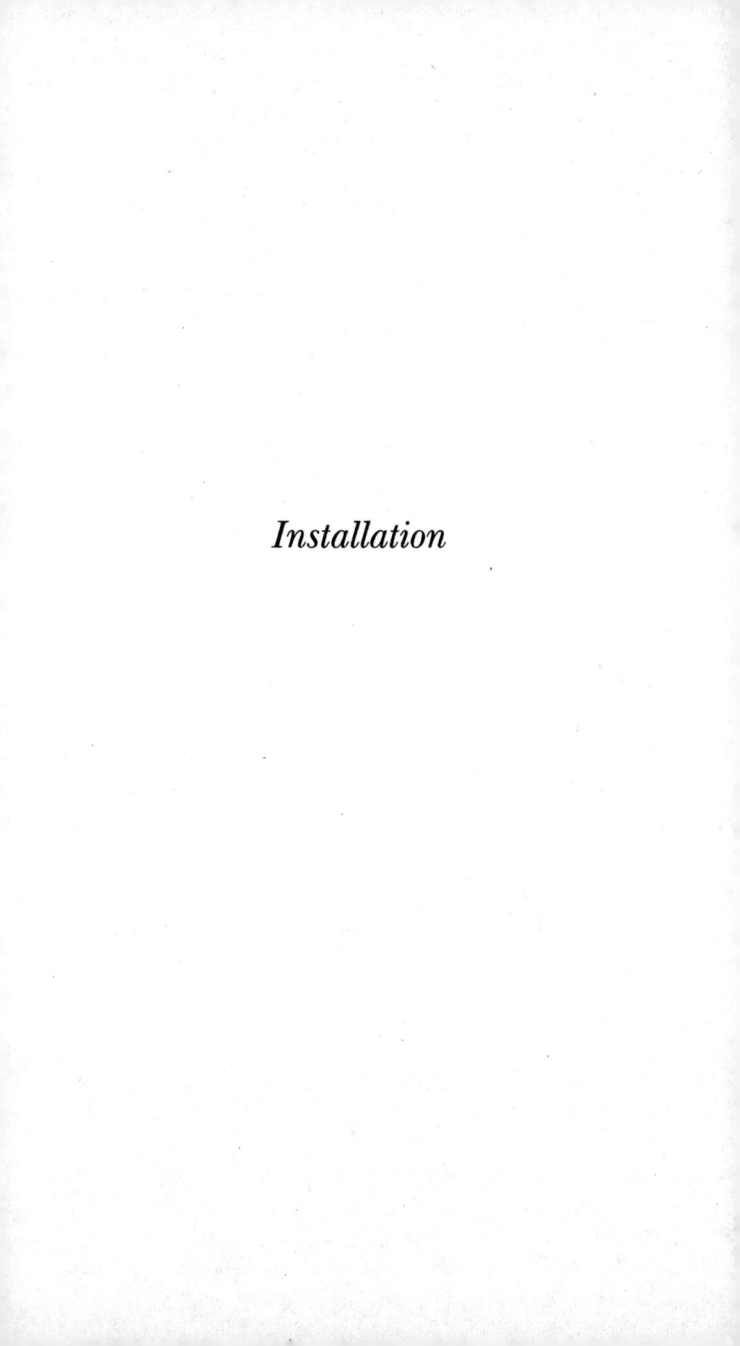

Soir.

Un plateau de théâtre vide, ou presque...

*Trois chaises, une table basse devant.
Un pupitre.*

Arrive Nathalie par la coulisse. Elle est en robe.

Elle découvre l'endroit.

*Elle se promène un peu sur le plateau, puis s'assoit sur une chaise...
Sa robe n'est-elle pas un peu courte pour une prestation littéraire ?
Nathalie tire sur le tissu et tente de couvrir un peu ses genoux.
Elle croise ses jambes, les place harmonieusement serrées sur le côté ; enfin essaie l'autre chaise.*

Elle sort son portable de son sac, vérifie qu'elle est bien seule et compose un numéro. Elle obtient une messagerie.

NATHALIE   Je t'appelle de Vilan-en-Volène, ne ris pas, je voulais qu'on confirme demain soir... Et est-ce que tu peux apporter le dessert, même si je prends un train tôt je n'aurai pas le temps de m'en occuper, je t'embrasse... *(Elle raccroche. Et recompose le numéro aussitôt.)*... De « l'Espace polyvalent » de Vilan-en-Volène...

Elle raccroche.

Arrive Roland Boulanger.

ROLAND   Nathalie, Nathalie ! Je vous cherchais !... Tout va bien ?

NATHALIE   Très bien.

Roland contemple un instant la salle avec les yeux de Nathalie.

ROLAND   Voilà. Voilà l'espace.

NATHALIE   Bien. Très bien.

ROLAND   On attend du monde. On attend du monde !

NATHALIE   Formidable.

ROLAND   Nous avons même monsieur le Maire !

NATHALIE   Je serai où ?

ROLAND   Là. Rosanna, ici. Moi, en retrait dans un premier temps. *(Il décale vers l'arrière la troisième chaise.)* La chose importante, Nathalie : quelle est votre position idéale de lecture ? Assise, debout ? On a prévu un pupitre, on peut l'enlever.

Nathalie va se mettre au pupitre...

NATHALIE   Non, c'est bien... C'est bien... Peut-être que je ferai les deux. Certains passages, assise, d'autres au pupitre.

ROLAND   Oui, oui, oui, comme vous le sentez Nathalie, c'est votre lieu, c'est votre inspiration.

NATHALIE   Bon...

ROLAND   Voilà. *(Un court flottement. Avec timidité, Roland sort un mince volume de sa poche.)* Je profite de ce court moment d'intimité... Alors, ne vous effrayez pas, c'est rien du tout, quelques petits poèmes que j'ai commis...

Il lui tend le livre.

NATHALIE   *Des portes sans serrures*

ROLAND   Oui, c'est un peu sentimental,

mais c'est le titre d'un des poèmes, ça n'a aucun caractère symbolique...

NATHALIE, *découvrant la dédicace*   C'est très gentil. Je le lirai avec plaisir.

ROLAND   Vous verrez, ça ne... J'ai toujours aimé la poésie. Quand on aime la poésie, il arrive qu'on ait la mauvaise idée d'en faire !

NATHALIE   Je suis sûre que c'est une bonne idée.

ROLAND   Non, non. Sûrement pas. Enfin ça ne fait de mal à personne. Vous me direz ?

NATHALIE   Ah oui, oui.

ROLAND   Voilà.

Nathalie sourit de façon encourageante.

Flottement.

Présentation

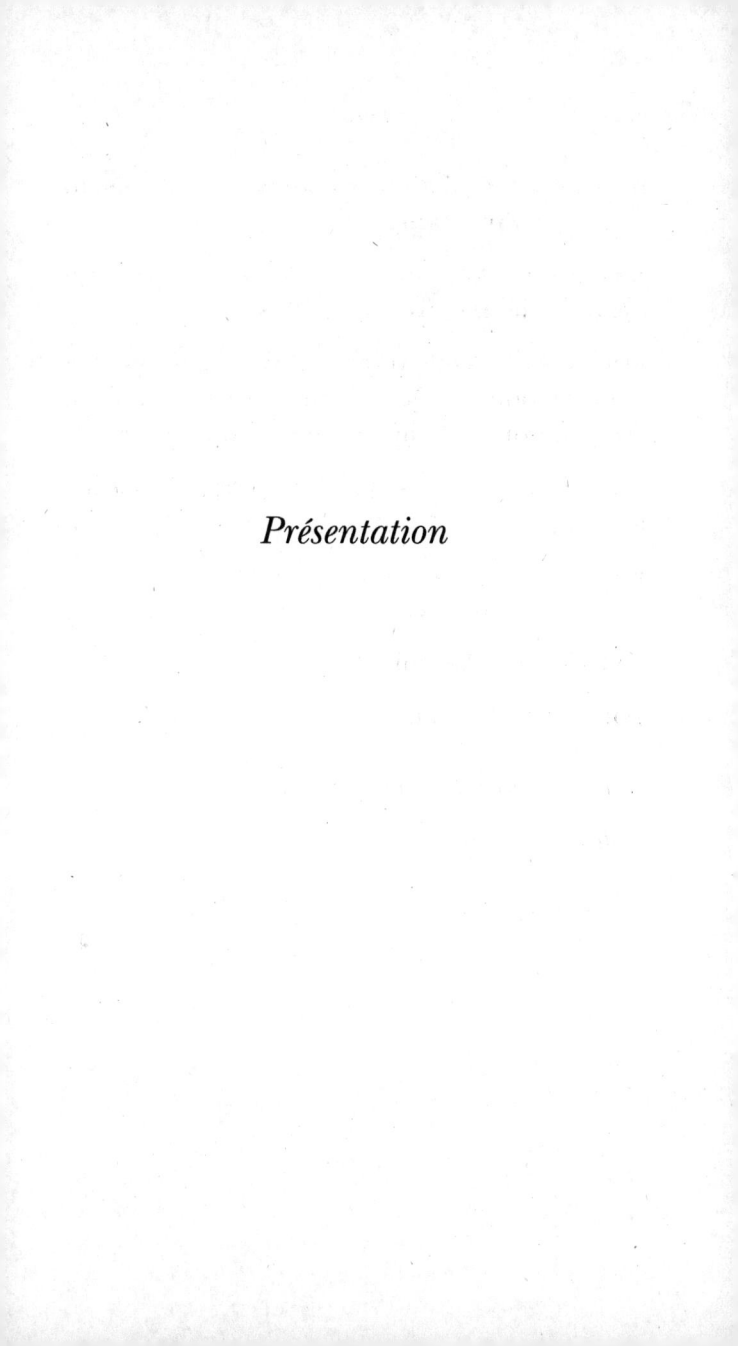

Le même plateau, éclairé différemment.

Nathalie Oppenheim et Rosanna Ertel-Keval arrivent, chacune avec son livre à la main.
Rosanna, très à son aise, tient aussi une série de feuilles annotées.

Elles s'assoient aimablement, à leur place respective, devant la table basse face au public...
Nathalie, plus embarrassée, a posé son sac à main quelque part en arrière.

Elles sont suivies presque aussitôt par Roland Boulanger, souriant, qui vient se placer, debout, sur le côté, un peu en avant face au public.

Cette petite installation prend du temps. On ne sait pourquoi. (Bruit importun ? Réglage de lumière hasardeux ? Arrivée de retardataires ?)

Un peu de gêne n'est pas mauvais.

ROLAND   Mes chers amis, monsieur le Maire, je vous remercie d'être venus, plus nombreux que jamais, assister à cette première soirée du troisième cycle des Samedis Littéraires de Vilan-en-Volène. Un cycle dont la première édition se déroule comme chaque année au printemps, avec une coupure au mois d'août. Du lieu originel, authentique mais inconfortable en définitive, qu'était la bibliothèque, nous sommes passés à la scène, victimes comblées du succès des précédentes éditions. Toute l'équipe des Samedis, qui étaient auparavant des vendredis, et qui sont désormais des samedis, tient, en préambule, à remercier François Chavigneau et le personnel de l'Espace polyvalent, pour nous avoir permis d'être sur ce plateau. Notre manifestation, comme vous le savez, a vu le jour il y a trois ans, inaugurée donc à la Bibliothèque municipale, que j'ai l'honneur d'animer, en partenariat avec la médiathèque de Mergeau, le Conseil régional de la Volène, et l'Espace culturel Electropolis. Pour ceux qui nous ont rejoints, rappelons que ce cycle bimestriel, lecture-rencontre, a pour objet d'accueillir un écrivain, confirmé, comme c'est le cas ce soir, ou en devenir, car nous voulons aussi être des découvreurs, soumis à la question, par votre serviteur, et par une personnalité du monde journalistique. Une rencontre estampillée passion et liberté, affranchie des impératifs commerciaux, affranchie des mouvements de mode et des chapelles, dont l'ambition est l'écoute, au sens large, d'une voix authentique, de ses aspérités, de ses tremblements, sans querelles inutiles ni stériles acrimonies. Qu'il s'agisse d'un exercice didactique pour les uns, d'une fiction supplémentaire pour les autres, le *duetto* d'un auteur et de son lecteur exigeant est une création en soi. Ce soir, Vilan est doublement gâté. Nous avons le privilège de recevoir celle que le jury du prix Germaine-Beaumont vient de couronner pour son ouvrage *Le Pays des lassitudes* – je m'empresse de préciser que notre invitation, à laquelle elle n'a pas dérogé, était bien antérieure à cette récompense –, la séduisante et secrète Nathalie Oppenheim. À ses côtés, une enfant du pays, la non moins remarquable Rosanna Ertel-Keval, journaliste éclectique, chroniqueuse vedette de l'émission « Les amis de mes nuits ». Beaucoup d'entre vous ont entendu parler, ou se souviennent, d'une petite Rosanna assise sur les bancs de l'école François-Devienne à Mergeau !... Nathalie Oppenheim est née à Lyon, d'une mère périgourdine et d'un père roumain, beau mélange. Elle publie, en 1989, son premier roman, *Bêtes de proie et de tristesse*, qui suscite, dès sa sortie, enthousiasme critique et public. Suivent quatre romans et deux récits, également salués, primés pour certains et traduits dans plu-

sieurs langues. On la dit discrète, réservée, peu encline à se commenter (nous verrons bien !). La critique salue… mon papier a disparu dans les plis… le voilà, la critique salue « une littérature mordante, sans gras, une exigence minutieuse où le stéréotype, qu'il soit de langage ou de sentiment, est traqué, malmené ». *Le Pays des lassitudes* est son dernier roman, et si vous le permettez Nathalie Oppenheim, je voudrais entamer notre soirée par l'extrait d'un entretien que vous avez accordé récemment. Je vous cite : « Oui, j'ai toujours eu de l'empathie pour mes personnages. Je ne vois pas ça comme une qualité. Au contraire. Les qualités humaines qui embellissent la vie courante, ne sont pas profitables à l'écrivain. J'ai franchi un pas avec *Le Pays des lassitudes* : j'ai conservé l'empathie mais non la pitié. Je n'avais jamais tué un de mes personnages auparavant. Tous les grands écrivains l'ont fait. Je ne dis pas que cela suffit pour être un grand écrivain bien sûr, mais c'est une étape importante. J'ai osé commettre un meurtre. *Le Pays des lassitudes* est né du désir et de l'obsession de commettre un meurtre. »
C'est donc, mes très chers amis, une meurtrière que Vilan-en-Volène a l'honneur de recevoir ce soir.

Rires, de qualité dissemblable, des deux femmes.

Comment vous racontez la partie

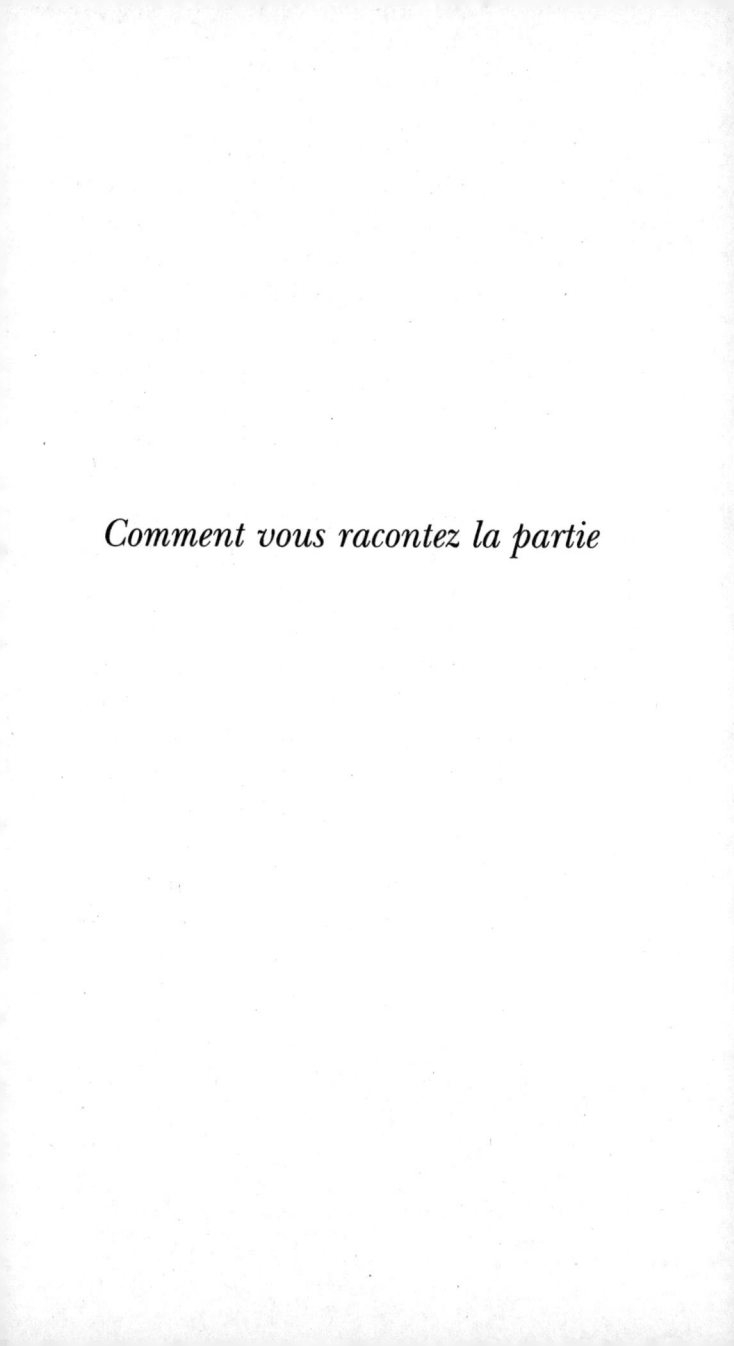

Rosanna Ertel-Keval et Nathalie Oppenheim sont assises au même endroit.

Roland s'est assis. À peine en retrait, à peine un peu en arrière. On doit sentir qu'il est de la partie, et peut intervenir à tout moment, même si ce n'est pas « son » moment.

ROSANNA   C'est un thriller ? *(Elle prononce à l'anglaise.)*

NATHALIE   J'aimerais beaucoup. J'aimerais beaucoup avoir écrit un thriller.

ROSANNA   « À ceux qui considèrent le calme, la mesure, le cours répétitif des choses, contraires au bien-être de l'âme, à ceux qui aspirent au dérangement, on peut recommander *Le Pays des lassitudes* »… Vous êtes en accord avec tout ça ?

NATHALIE   C'est très bienveillant.

ROSANNA   Trop ?

NATHALIE   Heu... Trop... Sûrement, mais on s'en accommode !

ROSANNA   Jean-Marie Le Clézio m'a dit un jour que la générosité de la critique le troublait.

NATHALIE   Ah oui ?... Mais dans quel sens ?

ROSANNA   La difficulté de se reconnaître dans l'éloge je suppose... Ou quelque chose comme ça.

NATHALIE   Oui, enfin, je ne me... Ça ne me dérange pas que les critiques soient flatteuses personnellement. Je n'ai pas de graves problèmes avec cette occurrence. D'autant que... Oui, pardon ?

ROSANNA   Non, non, je vous en prie.

NATHALIE   Non, d'autant que ce n'est pas toujours le cas, loin de là.

ROSANNA   Qu'est-ce qui vous plaît dans l'idée d'un thriller ? Vous dites que vous aimeriez beaucoup avoir écrit un thriller.

NATHALIE   C'est un genre organique, un genre qui dispense des sensations.

ROSANNA   Des sensations. C'est ce que vous recherchez ?

NATHALIE   Dans la vie ?

ROSANNA   Quand vous écrivez.

NATHALIE   J'aime mieux provoquer des sensations qu'un état de somnolence, mais... j'écris ce qui arrive. Je ne poursuis pas un but particulier.

Roland hoche la tête, visiblement d'accord.

ROSANNA   L'héroïne du roman s'appelle Gabrielle, Gabrielle Gorn, elle est écrivain comme vous... Vous vous définissez comme un *écrivain*, Nathalie Oppenheim ?

NATHALIE   Non. Si. Quand je remplis un formulaire de douane ou de Sécu. Pendant des années à la case profession j'ai coché *autre*, maintenant je coche *écrivain*.

ROSANNA   Mais vous savez qu'il y a un écrivain qui s'appelle Nathalie Oppenheim...

NATHALIE   Oui. Je le sais. J'ai même certains de ses livres chez moi.

ROSANNA   Elle vous intéresse ?

NATHALIE   Je l'approuve, parfois.

ROSANNA   Est-ce que, d'après vous, il y a une part d'autobiographie, ou du moins de confession, dans son dernier livre, *Le Pays des lassitudes* ?

NATHALIE   D'après moi, non.

ROSANNA   Aha... ? Moi j'ai été frappée par le début, l'*incipit* comme on dit : « Mon enfance est perdue... » C'est Gabrielle qui parle : « Mon enfance est perdue, je ne peux me représenter mon enfance... »

NATHALIE, *après un temps*   ... Buvons un coup mon enfance est perdue...

ROSANNA, *chantonnant*   Mais le manche mais le manche...

NATHALIE, *idem*   Buvons un coup mon enfance est perdue...

ROSANNA, *idem*   Mais le manche est revenu... C'est important pour vous la première phrase d'un livre ?

NATHALIE   Oui. C'est une torche qui enflamme le reste.

ROSANNA   Mon enfance est perdue. Je ne peux me représenter mon enfance. Des images sans suite, mélangées dans le temps. Les premiers livres que j'ai aimés ont tous raconté une enfance sombre. Ils furent mes livres chéris. Le passé me frôle comme une nuée de moucherons, à peine. Je vis au présent, j'écris au présent. Les choses qui reviennent, reviennent. Elles trouvent leur place au hasard. En général, elles ne pèsent pas grand-chose. Le gros a coulé dans le

sombre de l'oubli. Je n'ai jamais admis l'importance capitale de l'écriture dans ma vie. C'est une occupation. Mais peut-être qu'il y a beaucoup dans ce mot. Une fois, j'ai appelé mon ami Paul et je lui ai dit, expliquez-moi comment il faut vivre. Il m'a répondu, c'est embêtant, car quand je me pose la même question, je pense à vous, et je me dis, Gabrielle, elle, elle sait vivre. Tant mieux s'il le pense. Reconnaître la place centrale de l'écriture dans sa vie, c'est reconnaître l'insuffisance du réel.
Reconnaître la place centrale de l'écriture dans sa vie, c'est reconnaître l'insuffisance du réel, Nathalie Oppenheim ?

NATHALIE, *avec légèreté*   Oui... Oui, sans doute.

ROSANNA   C'est vous qui le dites.

NATHALIE   Ah non ! Non. Ce n'est pas moi. C'est Gabrielle. C'est le personnage qui le dit...

ROSANNA   Oui, je connais cette nuance...

NATHALIE   Beaucoup d'écrivains ont personnifié des écrivains qui n'étaient pas eux.

ROSANNA   Un peu eux quand même ?

NATHALIE   Un peu. Un peu.

ROSANNA   Dans un entretien, vous avez dit... *Si la vie était suffisante, on n'écrirait pas.*

NATHALIE   Je me répète, c'est ennuyeux.

ROSANNA   C'est une chose que vous pensez donc.

NATHALIE   On dirait.

ROSANNA   Et pourquoi la vie n'est pas suffisante ?

NATHALIE, *elle rit*   Oh là là, je n'en sais rien, Rosanna !

Roland rit, en adhésion.

ROSANNA   Ce n'est pas une chose que tout le monde ressent.

NATHALIE   Non... Sans doute.

Roland se penche en avant. Mouvement qu'il effectue à chaque fois qu'il intervient, sans doute pour compenser le retrait de sa chaise.

ROLAND   C'est une chose que tous les artistes ressentent !...

ROSANNA   Vous êtes d'accord avec Roland Boulanger ?

ROLAND   Le trait commun !

NATHALIE   C'est possible... Je ne me suis pas interrogée globalement là-dessus.

Roland hoche, souriant, en assentiment avec sa propre réflexion.

ROSANNA   Vous portez une jolie robe, si vous me permettez cette parenthèse.

NATHALIE   Ah oui, tant mieux !

ROLAND   Je confirme.

NATHALIE   Ah bon, bon. Non, parce qu'elle est neuve, pour dire la vérité je l'ai achetée hier pensant la mettre aujourd'hui, et en arrivant ici, je n'étais plus... Parfois l'inauguration d'un vêtement est plus difficile qu'on ne croyait.

ROSANNA   Elle est originale.

NATHALIE   Oui. Ce n'est pas le mot qui me rassure le plus.

ROSANNA, *elle sourit*   Les vêtements comptent dans vos livres. C'est un sujet qui revient, les obsessions vestimentaires.

NATHALIE   Oui. C'est une préoccupation de la vie, non ?

ROSANNA   Ça peut paraître une préoccupation futile.

NATHALIE   Et alors ? La littérature ne s'intéresse pas qu'au grave. D'ailleurs je ne crois pas que le vêtement soit une préoccupation futile. Au contraire.

ROSANNA   On a l'impression que vous seriez plus disposée à parler de votre robe que de vos livres ou de votre travail en général, je me trompe ?

NATHALIE   Je serais très disposée, mais on ne m'interroge pas souvent sur le sujet.

ROSANNA   La plupart de vos livres sont écrits à la première personne…

NATHALIE   Tous.

ROSANNA   Il y a une raison ?

NATHALIE   Non. C'est une convenance.

ROSANNA   Ce n'est pas une façon de dévoiler, au fur et à mesure, des parts de vous singulières ?

NATHALIE   Non, pas du tout. Ou alors à travers tous les personnages. De toute façon les gens qu'on invente sur papier acquièrent très vite une autonomie, et une individualité. Dans *Le la*, que peut-être certains ici connaissent, le personnage principal était très inspiré par ma mère, et j'étais un peu inquiète de sa réaction. Quand elle a lu le livre, elle m'a appelée et m'a dit, c'est une catastrophe, tu m'as brouillée avec Mimi Gremlick. Pourquoi, maman ? Mais elle va se reconnaître, comment veux-tu ?!

ROLAND   Qui est Mimi Gremlick ?

NATHALIE   Une de ses amies de bridge.

ROSANNA   Vous avez choisi de nous lire, Nathalie Oppenheim, un passage, très symptomatique de votre écriture, qui entremêle une scène de la vie familiale et vos réflexions intérieures...

NATHALIE, *l'interrompant*   Les réflexions du personnage.

ROSANNA   Les réflexions du personnage, pardon... Pourquoi je n'y arrive pas ? C'est étrange...

NATHALIE   Parce que la mode contemporaine est de vouloir tout ramener à l'auteur...

ROSANNA   Je serais victime de cette fâcheuse...

NATHALIE   Vous n'êtes pas seule dans votre cas. Il n'y a rien de personnel, mais je trouve... enfin je ne suis pas à l'aise avec cette conception du roman qui se réduit à l'expression de soi.

ROSANNA   Pourquoi ?... Pourquoi, au fond ? Qu'est-ce que ça a de mal ?

NATHALIE   Tout ce qu'on écrit est lié à sa vie bien sûr, mais, selon moi, ça commence à devenir de l'écriture quand vous prenez de la distance, quand il ne s'agit plus de votre expérience mais de la vie tout court.

Roland approuve en silence.

ROSANNA   Alors c'est très intéressant parce que justement, le passage que vous allez nous lire concerne l'écriture. Nous allons entendre… cette fois-ci je vais le dire correctement, les réflexions de Gabrielle Gorn, à qui on a livré le matin même les premiers exemplaires de son dernier livre… Nous vous écoutons… Je précise pour nos spectateurs, pour ceux qui n'auraient pas encore lu *Le Pays des lassitudes* : Gabrielle et son mari Philippe sont en voiture, leurs deux enfants à l'arrière, ils partent à la campagne chez des amis.

Tous trois, chacun dans son rôle, se configurent, pour la lecture.

Nathalie a ouvert son recueil. Elle prend son temps avant de se lancer.

NATHALIE   … Philippe a mis les essuie-glaces faible vitesse. J'ai posé *Comment vous racontez la partie* sur le tableau de bord. De temps à autre, s'il advient un tournant un peu serré, il tombe. Je le remets au même endroit, je veux le contempler. Je veux contempler mon livre. Je veux contempler, ne serait-ce qu'à cette infime distance, l'objet reçu ce matin sans la moindre joie. Je ne comprends pas

pourquoi Philippe a choisi faible vitesse étant donné que la pluie est assez dense. Enfin, relativement dense, je dirais assez dense pour mériter la vitesse intermédiaire. Je ne comprends pas...
Non, c'est... je lis trop à plat, je ne suis pas à l'aise assise...

ROLAND Mettez-vous au pupitre, Nathalie, mettez-vous au pupitre... *(Il s'est levé, maître des lieux et de la situation.)*... On peut avoir un peu plus de lumière sur le lutrin ?... Merci...

Alors qu'elle s'apprête à lire, on la sent gênée par... la hauteur de la tablette ? Un rai de lumière ?

Roland, qui était retourné s'asseoir, revient à son secours.
Ils échangent des mots inaudibles, et Roland déplace le pupitre de quelques centimètres.

Flottement.

Roland retourne s'asseoir comme une ombre volante.

Après un temps de concentration, Nathalie reprend. (Il se peut qu'elle abandonne le pupitre pour lire, livre en main.)

NATHALIE, *autrement...* Philippe a mis les essuie-glaces faible vitesse. J'ai posé *Comment vous racontez la partie* sur le tableau de bord.
Je recommence si ça ne vous ennuie pas.

ROLAND   Ça nous réjouit !

ROSANNA   Avec plaisir !

NATHALIE   De temps à autre, s'il advient un tournant un peu serré, il tombe. Je le remets au même endroit, je veux le contempler. Je veux contempler mon livre. Je veux contempler, ne serait-ce qu'à cette infime distance, l'objet reçu ce matin sans la moindre joie. Je ne comprends pas pourquoi Philippe a choisi faible vitesse étant donné que la pluie est assez dense. Enfin, relativement dense, je dirais assez dense pour mériter la vitesse intermédiaire. Je ne comprends pas pourquoi Philippe ne met pas les essuie-glaces en adéquation avec le régime de l'eau. Philippe ne veut pas avoir l'air d'un homme qui s'énerve pour rien, me dis-je. C'est le genre qui aime avoir un coup d'avance. Il veut montrer qu'il a déjà anticipé l'accalmie. Quand soudain, sortant de mon mutisme de la pire façon qui soit, je lance, à la fête de l'école, la mère de Thomas, qui est une scientifique, m'a dit que Thomas pouvait, de tête, effectuer des additions genre cinquante-huit plus soixante-dix-neuf, à une vitesse supérieure à la sienne. Dans la voiture, chacun apprécie le silence qui suit. *Comment vous racontez la partie* glisse un peu. Derrière les vitres troublées, la zone commerciale de Morjanville, lignes, panneaux géants, dédale de hangars. Puis, d'un ton printanier qui signifie juste pour voir et juste pour se marrer tellement c'est facile, je dis, quarante-sept plus huit, Antoine ? Trop facile, nul, dit

Louise. Laisse-le répondre, toi tu sais, dis-je. L'enfant se tait. Quarante-sept plus huit ? je répète. Réponds à ta mère, dit Philippe. Antoine se tait. Quarante-sept plus huit, allez, sois gentil. Mais laissez-le, on est en vacances, dit Louise. Quarante-sept plus huit et je t'embête plus mon amour. Quarante-sept plus huit, réponds ! s'impatiente Philippe qui balance d'un coup sec les essuie-glaces plein régime. Réponds, Antoine. Il a le droit de ne pas répondre à vos questions idiotes, eh regarde il y a un Toys R us ! Toi tu te tais, tu ne te mêles pas de tout et tu laisses ton frère répondre. Philippe rate une sortie de rond-point. Quarante-sept plus huit, tu réponds ou je te cogne ! Vous êtes dingues, dit Louise. Je suis entièrement d'accord avec papa, je dis, tu réponds ou c'est la gifle. Antoine commence à pleurer silencieusement, ce qui laisse planer un doute sur sa capacité à répondre. Quarante-sept plus huit, merde ! hurle Philippe. Les essuie-glaces raclent. Mon pauvre, dit la fille en embrassant son frère. Il ne sait pas le faire, c'est dément ! Ne double pas, Philippe, c'est dangereux ! Il est incapable de le faire, cet enfant, tu le vois bien ! Dis-le, Antoine, dis-le, quarante-sept plus huit égale, égale, dis-le, je le presse, tout de suite, sans réfléchir, maintenant ça suffit, égale ? Égale ?! crie Philippe, dans deux secondes je nous fous dans le décor ! Cinquante-cinq, murmure l'enfant. Bon, il l'a dit, me dis-je, et tandis que Philippe, dans un geste ultime, lance la clim anti-buée, je me demande à quoi il faut attribuer la lenteur de la réponse. À une forme de vexation ou à un problème cérébral ? Je serais à deux doigts de soumettre une autre addition mais je me retiens et récupère *Comment vous racontez la partie* disparu sous le siège. Mes tout premiers livres étaient arrivés chez moi comme des objets éblouissants. C'était déjà assez triste de ne pas être excitée à l'idée de recevoir celui-là, mais je ne m'attendais pas à ce sentiment de complet découragement. À peine sorti de son emballage bouffant, *Comment vous racontez la partie* m'est apparu comme un livre d'occasion. Aucun plaisir tactile, aucune joie physique, si ce n'est une sensation de complet désengagement, l'impression de voir le livre d'un autre que je n'aurais pas spécialement envie de lire. J'essaye d'envisager ce qu'il donne, posé sur le tableau de bord d'une Peugeot 207, roulant sous le jour pluvieux, c'est-à-dire dans le hasard de la vie réelle. Il ne donne rien. Il ne donne rien du tout, me dis-je, pas même la preuve qu'on a réussi à dire des choses, non pas neuves bien sûr, mais comme personne auparavant ne les avait dites. Je vois sur ce tableau de bord un livre identique à tous les autres, un titre sans promesse, un nom sans promesse, comme si, après les mois d'effort et de pages gagnées sur le vide, on arrivait au seuil d'une chose qui vous est dérobée, et que la preuve même de cette dérobade était l'objet qui glisse sur le cuir. On ne peut rien attendre, me dis-je, d'un objet qui contient littéralement, je le sais, tout son avenir ridicule, le bon comme le mauvais, de toute façon mondain, de toute façon entraîné dans la logique affreuse de l'événement et de l'oubli, comment attendre quoi que ce soit d'un objet entièrement vidé de son merveilleux.

Nathalie retourne s'asseoir (croisant le sourire ému de Roland).

Rosanna laisse passer les secondes de déférent respect...

ROSANNA   ... Nathalie Oppenheim, lorsque vous avez, vous-même, tenu dans vos mains le premier exemplaire du *Pays des...*

NATHALIE, *la coupant*   ... Ai-je éprouvé un sentiment d'intense découragement ?

ROSANNA   Je conçois que cette question a dû déjà vous être posée.

NATHALIE   Vous savez, Rosanna, il s'agit du parcours d'un personnage, ce n'est pas une succession d'expériences séparées.

ROSANNA   Mais vous pourriez répondre à cette question précise.

NATHALIE   Non.

ROSANNA   Aussi nettement ?...

NATHALIE   Mes sentiments personnels ne présentent pas d'intérêt.

ROSANNA   Je suis sûre que nos amis, dans la salle, pensent le contraire.

NATHALIE   Ils n'auraient pas raison.

ROSANNA   Vous avez choisi cet extrait. Dans un livre qui fait… deux cent trente-neuf pages, vous avez, vous-même, Nathalie Oppenheim, choisi de lire cet extrait. J'ai beaucoup de mal à croire que vous l'avez isolé innocemment et sans vous attendre à devoir le commenter.

NATHALIE   Il n'y a aucune neutralité dans mes choix, naturellement ! Je tiens à faire entendre ces mots-là. Mais dans ce contexte et sous cette forme. Pas autrement. On se tue à fabriquer des phrases qui n'ont de sens que dans un univers décalé, ce n'est pas pour dire ensuite « moi aussi dans la vie gna gna… ».

ROSANNA   Je suis désolée d'insister mais vous piquez notre curiosité. Vous présentez de façon négative un moment clé de la vie d'un écrivain, de sorte que nous, lecteurs, sommes en droit de…

ROLAND, *l'interrompant*   « Désenchantée » !

ROSANNA   Désenchantée…

ROLAND, *idem*   Je… pardon, je ne dirais pas « négative », je dirais « désenchantée ».

ROSANNA   Très bien, « désenchantée »…

NATHALIE   Non, non, non, pas « désenchantée ». Désenchantée c'est sans appel. Il n'y a rien de définitif dans… C'est mon portable ?… C'est mon portable qui sonne ! *(On entend une sonnerie étouffée émanant du sac à main posé derrière ; elle se lève…)* J'ai oublié de l'éteindre !…

Nathalie farfouille dans le sac.
Un long temps féminin et exaspérant avant qu'elle ne localise le portable…

Elle le sort du sac et l'éteint.

NATHALIE, *riant*   Je suis désolée.

Elle revient plus ou moins à hauteur des deux autres mais reste curieusement debout.

Rosanna et Roland la regardent aimablement, légèrement décontenancés.

Après un temps.

NATHALIE, *debout, sans tenir compte de l'invitation de Rosanna*   Désenchantée non… Tout événement qu'on tient acquis pour heureux peut être une source de découragement. Il y a toujours des attaques de découragement imprévu. C'est comme ça. Ce n'est pas grave.

Roland semble méditer sur ces phrases.

ROSANNA, *faisant fi – ou du moins essayant – de l'étrangeté physique de la situation*   Vous avez mis en exergue de votre livre une phrase de l'écrivain américain Michael Herr : « Ce n'est pas tant que vous ayez gagné ou perdu, mais comment vous racontez la partie »…

NATHALIE   Oui.

ROSANNA   Et de cette citation vous avez tiré le titre du livre que Gabrielle Gorn écrit, *Comment vous racontez la partie*.

NATHALIE   Oui.

ROSANNA   Vous êtes friande, Nathalie Oppenheim, de ces emboîtements, de ces mises en abyme.

NATHALIE   Ça m'amuse, oui.

ROSANNA   Est-ce que… Vous ne revenez pas avec nous ?…
Est-ce que vous entendez cette citation comme une définition possible de la littérature ?

NATHALIE   De l'existence aussi.

ROSANNA   De l'existence ?

NATHALIE   Oui. Je crois que les choses n'ont pas lieu tant qu'elles ne sont pas racontées. Le langage fonde le réel.

ROSANNA   Et le déforme, aussi ?

NATHALIE   Non. Lui donne corps. Ça commence par le nom. Quelqu'un qui n'aurait pas de nom... Quand il n'y a pas de nom sur une tombe, personne n'a existé. Le nom c'est le début de la fiction, et en même temps c'est le début du réel.

Léger flottement.

Nathalie, toujours étrangement debout.

ROSANNA   Voilà définitivement une parole d'écrivain. *(Puis, après le temps nécessaire d'intégration polie :)* William Styron m'a avoué un jour...

ROLAND   Attendez, attendez, ma chère Rosanna, nous sommes passés un peu vite... – je suis impatient d'entendre les mots de notre regretté camarade Styron, et je suis par ailleurs, moi aussi, convaincu de la dimension performative du langage – mais je voudrais revenir une seconde sur ces *attaques* de découragement inattendu. *(Pincement psychique et géographique de Rosanna – elle se tient entre les deux – qui bien sûr n'en laisse rien paraître.)* Et j'aime bien, Nathalie Oppenheim, que vous disiez *attaque*, ce qui, associé à *découragement* dont le programme est plutôt gradué, constitue presque un oxymoron. Oui. Oui : les âmes sensibles ne sont pas armées pour accueillir les signes homologués du bonheur. Ça vaut pour la gloire et ça vaut aussi pour le beau temps. Vous aviez raison de réfuter la fatalité du mot désenchantement, mais je l'entendais comme une annotation littéraire naturellement. *(Il se lève à son tour, et poursuit, debout, dans une déambulation inspirée.)* Tout à l'heure, lors de ma présentation, j'ai rappelé votre réussite et j'ai mentionné le prix Germaine-Beaumont. (Germaine Beaumont : fille spirituelle de Colette, sœur d'âme de Virginia Woolf !) Une récompense convoitée, prestigieuse, dont vous êtes la lauréate de l'année, et dont les implications, en apparence, ne peuvent être que festives. Alors moi, j'aimerais connaître, en écho à l'interrogation de Rosanna, votre ressenti, comme on dit aujourd'hui, *votre ressenti*, à cet égard ?

NATHALIE … Ouille !

ROLAND, *en pleine connivence* Ouille !

NATHALIE Ça fait du bien au livre. C'est bien pour le livre.

ROLAND Et pour vous, c'est bien ?

NATHALIE Très.

ROLAND Allons, allons, courage.

NATHALIE Mais qu'est-ce que vous voulez me faire dire ? C'est une aubaine !

ROLAND   Est-ce que la joie était au rendez-vous ?

NATHALIE   Oui, oui.

ROLAND   Oui ? Ouille ?...

NATHALIE   La joie était au rendez-vous.

ROLAND   Il y a une phrase dans une nouvelle de Tchekhov, je ne me souviens plus de laquelle : « J'ai ouï dire que Madame S. est infiniment heureuse... Oh la malheureuse ! »

NATHALIE   Vous êtes un coquin, Roland.

ROLAND, *presque chantonnant*   Oh la malheureuse !... *(Il se tourne vers Rosanna.)* Que disait William Styron ?...

Paul

Les mêmes. Le même plateau.
Tous trois assis, mais dans une configuration différente.
Roland a pris du galon.

Humeur joyeuse.

ROLAND   J'ai le droit de répondre aussi.

ROSANNA   Notre invitée d'abord !

ROLAND   Je réponds si Nathalie sèche.

ROSANNA   Vous me paraissez bien présomptueux, Roland.

ROLAND   C'est vrai !... On ne souffle pas dans la salle !

NATHALIE   Ah non, ce n'est pas juste. Normalement, on peut avoir un joker avec la salle !

Roland rit volontiers.

ROSANNA   Nous commençons ?... Alors nous sommes bien d'accord : le sujet est la littérature, nous restons cantonnés aux écrivains nés au XXe siècle et vous n'avez droit qu'à trois questions. Qui a dit : « L'univers, qu'on appelle aussi une bibliothèque » ?

NATHALIE   Borges.

ROSANNA   Borges ! Bravo !

NATHALIE   Je la connaissais.

ROSANNA   Qui a dit : « Écrire, c'est la façon la plus désespérée d'appartenir » ?

NATHALIE   Mon frère ou ma sœur.

ROSANNA   Vous auriez pu le dire ?

NATHALIE   Je le crains.

ROSANNA   Vous-même, ou Gabrielle Gorn ?

NATHALIE   Nous deux. Une femme ?

ROSANNA   Oui.

NATHALIE   Étrangère ?

ROSANNA   Oui.

NATHALIE   Américaine ?

ROSANNA   Non.

NATHALIE   C'est trop vaste. C'est trop vaste, comment voulez-vous ! Je donne ma langue au chat. Roland ?

ROSANNA   Roland ?

ROLAND   Allez, au hasard : Karen Blixen.

ROSANNA   Edna O'Brien.

ROLAND   Edna O'Brien ! Merveilleuse Edna O'Brien !

ROSANNA   … Qui a dit : « Un personnage créé par nous ne meurt plus. Pas plus que ne meurent, dans ce sens, nos amis morts » ?

NATHALIE   Femme ?

ROSANNA   Femme.

NATHALIE   Française ?

ROSANNA   Française.

NATHALIE   …

ROLAND   Vous avez encore droit à une question Nathalie.

NATHALIE   … Marguerite Yourcenar ?

ROSANNA   Elle est forte !

ROLAND   Elle est diabolique !

ROSANNA   Qui a dit – c'est difficile, ça, car il

me l'a dit à moi ! – qui a dit : « Nous sommes toujours deux : l'homme qui souffre et l'écrivain qui se demande comment utiliser cette souffrance dans son travail » ?

ROLAND   C'est un homme ! Elle s'est trahie !

NATHALIE   Français ?

ROSANNA   Non.

NATHALIE   ... Le dédoublement de l'écrivain, beaucoup auraient pu le dire de la même façon... Ça me fait penser à Trigorine, dans *La Mouette*, vous vous souvenez ? Il est avec Nina, il voit passer un nuage qui ressemble à un piano à queue et il lui dit, j'ai beau être avec vous, ému par vous, je pense il faudra que je mentionne quelque part dans une nouvelle un nuage qui passe et ressemble à un piano à queue... Bon. Anglo-saxon ?

ROSANNA   Non.

NATHALIE   Vivant ?

ROSANNA   Oui.

NATHALIE   Aïe... Je me lance : Kundera.

ROSANNA   Eh non !

ROLAND   Pas bête !

ROSANNA   Pas bête mais je n'ai jamais eu

le bonheur de m'entretenir avec Milan Kundera !... Roland, une idée ?

ROLAND   Je sens que je vais dire une bêtise... je la dis : Mario Vargas Llosa.

ROSANNA, *triomphante et avec un accent néo-portugais*   António Lobo Antunes !

ROLAND   Oh très difficile !

ROSANNA, *quasiment en même temps*   Je l'avais dit !

NATHALIE, *idem*   Je n'aurais pas...

ROSANNA   Alors la dernière de notre petit *Quiz littéraire*... Qui a dit – pas évident non plus : « Ton malheur particulier – qui est celui de tous les poètes – réside en ceci que, par vocation, tu ne peux avoir qu'*un public*, et qu'au lieu de cela tu cherches des *âmes sœurs* » ?

Aussitôt Roland s'agite et frétille comme un élève qui sait.

NATHALIE   J'aime beaucoup cette phrase. Elle est belle. « Tu ne peux avoir qu'un public...

ROSANNA   ... et tu cherches des âmes sœurs. »

NATHALIE   Je l'aime beaucoup. Je sens que Roland...

ROLAND   Je crois.

NATHALIE   … Scott Fitzgerald ?

ROLAND   Pavese ! Cesare Pavese !

ROSANNA   Bravo Roland.

ROLAND   *Le Métier de vivre* !

ROSANNA   *Le Métier de vivre*… Deux sur cinq, c'est un score excellent !…

ROLAND   Excellent.

ROSANNA   Alors quelle citation vous voulez commenter ? J'ai l'impression que votre favorite est celle de Pavese ?

NATHALIE   C'est la plus intelligente, et la plus pathétique. Sûrement celle qui me touche le plus, oui. *(Accord total de Roland.)*… Cependant, la citation de Yourcenar est assez troublante.

ROSANNA, *relisant vite*   … « Un personnage créé par nous ne meurt plus. Pas plus que ne meurent, dans ce sens, nos amis morts. »

NATHALIE   Oui. Elle compare ses personnages à des morts… C'est étrange.

ROLAND   À des âmes mortes !

NATHALIE   À des âmes mortes. Comme si on avait attisé des flammes de vie éphémères, privées d'avenir. Comme si leur temps était forcément révolu…

ROSANNA   Vous pensez, vous, que vos personnages ont de l'avenir ?…

NATHALIE   … Oui… Je pense qu'ils ont un devenir que les vrais morts n'ont pas.

ROSANNA   Au-delà des attributs que vous leur avez donnés ?

NATHALIE   Au-delà, bien sûr.

ROSANNA   Pour vos lecteurs. Pas forcément pour vous.

NATHALIE   Pour moi aussi. Je ne pense pas que les personnages restent enfermés dans le… dans le caveau du livre.

ROSANNA   Revenons aux personnages du livre, justement. Vous n'êtes pas très indulgente avec les hommes dans *Le Pays des lassitudes*…

NATHALIE   Ah bon ?

ROSANNA   Enfin je trouve.

NATHALIE   Ah.

ROSANNA   Ça n'a pas l'air de résonner en vous.

NATHALIE   Non.

ROSANNA   Le mari politologue est obsédé par

sa réussite sociale... *(Elle lit :)* Les gens me demandent comment va Philippe, je dis il va bien, au lieu de dire il ne pense qu'à sa carrière, il devient amer, il est ballonné, jamais heureux, bref tout le monde va bien dans cet attelage qui est censé parcourir la vie au petit trot..., l'amant photographe est en concurrence artistique... *(idem :)* Ari demande pourquoi je ramène les choses à moi et à ma qualité, il dit qu'il n'était pas question de moi dans le processus de la conversation. Je suis stupéfiée qu'Ari m'abandonne en public et en plein désarroi. Dès qu'il s'agit de ma fonction, Ari m'abandonne ou me rabaisse...

NATHALIE, *coupant la parole ; idem pour le dialogue qui suit* Vous avez choisi des passages très orientés, vous auriez pu en prendre d'autres qui reflètent le contraire, sur Ari...

ROSANNA Oui, sur Ari il y a...

NATHALIE Il y a des pages très différentes...

ROSANNA Il est intolérant...

NATHALIE Intolérant, mélancolique, c'est un homme difficile, il est drôle aussi, il y a des pages émouvantes sur Ari...

ROSANNA Sur Ari peut-être, mais pas sur Philippe...

NATHALIE Sur Philippe moins, mais sur Ari, sur Paul...

ROSANNA   Paul est sûrement celui qui...

NATHALIE   Paul est un caractère à qui j'ai donné le maximum de chance...

ROSANNA   Je ne dis pas le contraire...

NATHALIE   Paul est complexe, évolutif...

ROSANNA   Froid, réactionnaire...

NATHALIE   Et alors ?... Froid, sûrement pas. Philippe c'est normal, le cœur du livre, l'origine du livre, c'est un couple qui est à bout de souffle... Elle ne peut plus avoir un regard tendre sur son mari, et encore, et encore !...

ROLAND   Nathalie, vous défendez vos personnages comme une vraie louve !

NATHALIE   Je ne défends personne, mais je ne peux pas laisser dire que les hommes sont maltraités dans *Le Pays des lassitudes*...

ROSANNA   Traités sans indulgence, j'ai dit.

NATHALIE   C'est pareil. Et surtout je ne peux pas laisser dire qu'il y a un traitement global des hommes. Il y a trois hommes, et il y a trois façons de les regarder.

ROSANNA   On vous a déjà fait cette remarque ?

NATHALIE   Laquelle ?

ROSANNA   Ce traitement… disons, sans ménagement, des caractères masculins ?

NATHALIE   En fait vous me demandez si c'est pour cette raison que je m'énerve ?

ROSANNA   …

NATHALIE   On me l'a dit. On me le dit. Mais c'est une lecture fausse. C'est une lecture bête !

ROSANNA   Je pourrais mal le prendre.

NATHALIE   Non… Je ne parle pas de vous, je parle en général.

ROSANNA   Je fais partie de ce général, mais peu importe…

NATHALIE   Mais non…

ROSANNA   Peu importe. Et si vous vous sentez d'humeur, je vous propose de nous contrarier tout de suite, Nathalie Oppenheim, avec un extrait choisi par vous.

NATHALIE   Non, la chose qui me… c'est le découpage en catégories…

ROSANNA, *plus vite qu'il ne faudrait*   Je comprends.

NATHALIE   Quand on dit les hommes, les femmes, on finit toujours par…

ROSANNA   De quoi avez-vous peur ?

NATHALIE   J'ai peur ?

ROSANNA   D'être apparentée à une forme de littérature féministe ?

NATHALIE   Mais non, pas du tout !

ROSANNA   Vous êtes sensible à la littérature féministe ?

NATHALIE   Je ne... je sais pas bien ce que ça recouvre, je n'ai pas de... Vous pensez à qui ?

ROSANNA   Susan Sontag, Doris Lessing...

NATHALIE   Pour moi rien ne les relie.

ROSANNA   Bien. Vous restez assise ?

ROLAND   Vous restez assise, Nathalie ?...

NATHALIE   Oui, oui. Je pense...

ROLAND, *à Rosanna ; et sur des œufs*   Une petite introduction peut-être ?

ROSANNA   Je ne crois pas que c'est nécessaire. À moins que ?... *(À Nathalie :)* Vous voulez nous présenter l'extrait ?

Nathalie secoue la tête.

NATHALIE   Je ne ménage personne dans ce livre, si on va par là.

Rosanna acquiesce avec urbanité.

NATHALIE, ... *enfin, elle lit*   Imaginez la scène : Paul, tassé comme un buffle, dans le fauteuil de velours piqueté. Devant lui, une bouteille de meursault, devant moi une verveine. Il est six heures du soir. Il veut un baba au rhum. Il l'obtient, avec deux cuillères.

D'habitude, Paul me questionne, interroge ma vie, d'habitude Paul ne parle que si je l'en prie. Il faut croire que les choses ont changé depuis notre accord. Paul dit que c'en est fini de la police qu'il aimait.

Je regarde ses épaules, son cou et je suis étonnée de n'avoir jamais remarqué chez lui cette partie de l'homme qui est peut-être la plus belle.

Il parle tranquillement, à voix basse. Il creuse dans son baba. Il s'essuie les lèvres avec la grande serviette blanche. Il a des yeux bleus enfoncés, je n'avais jamais fait attention à ce regard, pourquoi tout me paraît inhabituel ?

Il me tend l'autre cuillère, je prélève une lichette de gâteau.

Il a englouti le reste du baba.

Des gens circulent entre les tables, traînant des valises sur la moquette bordeaux. On dirait que personne ne reste plus d'une nuit dans cet hôtel. Tout à l'heure j'ai répondu avec la plus grande précision à toutes les questions que Paul m'a posées sur Jeanine. Il a écouté, sans prendre aucune note, buvant par àcoups, la tête un peu penchée. Je ne sais pas comment nous sommes passés de l'élimination de Jeanine Manjin à l'éloge du maintien de l'ordre. Paul veut me rappeler qui il est, me dis-je. Son école. Sa discipline. Un flic et non un voyou. J'endure la nomenclature de ses idoles. J'endure un défilé d'uniformes, des mots d'urgence froide, j'en suis presque à leur trouver des tonalités électriques.

Je n'ai jamais vu Paul sans cravate. Toujours plus ou moins la même, un modèle bleuté de préfecture. Il parle en faisant les liaisons et se prépare à commettre un meurtre. Dans le fauteuil de velours gris-vert un homme qui ne craint pas d'être complètement amoral décline les fondements vertueux de sa haute corporation. Les femmes ne comprennent rien aux hommes, pensé-je. On n'y comprend rien et tant mieux ; dès qu'on les comprend, on s'étiole. Paul me trouble. Je suis troublée par Paul, me dis-je, depuis le jour où il a accepté ce contrat. Un trouble inopportun qui pourrait amoindrir l'urgence passionnelle du contrat, me dis-je. Il serait risible, pensé-je, qu'un ensorcellement corollaire à la démarche la rende moins impérieuse. Si je suis capable d'être troublée par Paul, je ne vois plus la nécessité d'une sortie de route aussi radicale. Il faut une certaine consistance dans la voie du crime. D'un autre côté, toutes choses étant liées, qu'adviendrait-il de mon élan pour Paul sans l'excitation due à sa folie ? J'ai soif. Une autre verveine peut-être. Je peux commander une autre verveine, Paul ?

Elle repose le livre devant elle. Et boit de l'eau.

NATHALIE   Moi aussi, j'ai soif.

ROSANNA   Vous cherchez des *âmes sœurs*, comme dit Pavese, Nathalie Oppenheim ?

NATHALIE, *elle rit*   Des âmes sœurs...

ROSANNA   Nous ne sommes pas – c'est de ma faute d'ailleurs, j'ai digressé – nous ne sommes pas allés au bout de la logique du jeu.

ROLAND   Il y en a peut-être dans la salle, attention Nathalie !

NATHALIE   Je le souhaite !

ROLAND   À Vilan-en-Volène, on en trouve !

ROSANNA   Vous avez dit que la phrase de Pavese était celle qui vous touchait le plus.

NATHALIE   C'est vrai.

ROSANNA   Qu'est-ce qui vous touche dans cette phrase ?

NATHALIE   Je vous l'ai dit... On peut l'appliquer à toute forme de... Pas seulement à l'écriture.

ROSANNA   Vous avez dit que vous la trouviez...

ROLAND   Intelligente et pathétique, vous avez dit.

NATHALIE   Oui.

ROSANNA   Pathétique. Pourquoi ?

NATHALIE   C'est évident.

ROSANNA   Mais ?

NATHALIE   Là, honnêtement, le commentaire n'a pas de sens.

ROSANNA   Vous trouvez pathétique de chercher des âmes sœurs ?

NATHALIE   En soi, non.

ROSANNA   Alors ?

NATHALIE   Je ne vais pas tenir sur ce registre.

ROLAND   Est-ce que Paul est l'âme sœur de Gabrielle ?

NATHALIE   Paul est un diable.

ROSANNA   Elle aussi…

NATHALIE   Ils n'habitent pas au même étage.

ROLAND   Des trois hommes, et d'ailleurs de tous les personnages qui composent le livre, Paul est le seul qui comprend vraiment ce que Gabrielle écrit.

NATHALIE   Sûrement.

ROLAND   C'est rare d'être comprise, Nathalie ?

NATHALIE   Heu… *(Elle prend la question avec humour ; lutte pour répondre ou pas.)*… D'abord je ne suis pas sûre du mot. Je ne suis pas sûre qu'il s'agisse d'être compris.

ROSANNA   Vous diriez quoi ?

NATHALIE   *Compris*, ça suppose une proposition intellectuelle. Quand on écrit de la fiction, on ne cherche pas à délivrer un contenu…

ROSANNA   Vous cherchez à délivrer quoi ? Une émotion ?

NATHALIE   Une émotion, espérons-le !…

ROSANNA   Vous pourriez, dans la vie, avoir une relation avec un homme qui ne – j'allais dire *comprend*, mais je vais trouver un autre mot… – … qui n'adhère pas à ce que vous écrivez, ou tout simplement qui ne lit pas vos livres.

NATHALIE   Ce n'est pas la même chose.

ROSANNA   Commençons par « qui n'adhère pas ».

NATHALIE   … Les gens qui n'aiment pas vos livres ne souhaitent pas de rapprochement particulier.

ROSANNA   … Et quelqu'un qui ne vous lirait pas ?

NATHALIE   Ça m'est arrivé.

ROSANNA   Et ?

NATHALIE   Ça m'est arrivé. Vous m'avez demandé si je pourrais avoir une relation. La réponse est oui.

ROSANNA   …

ROLAND   Nathalie, on sent bien que vous préféreriez qu'on revienne à l'imprimé de votre robe…

NATHALIE   Mais oui, l'imprimé de ma robe !

ROLAND   Oui, oui, l'imprimé de votre robe, il mérite toute notre attention, mais on touche une chose importante là…

NATHALIE   Une chose importante, mon Dieu.

ROLAND, *il a saisi « Le Pays des lassitudes », cherche le passage, et lit*   Chère Gabrielle, J'ai lu *Comment vous racontez la partie*. Vous m'avez dit avant-hier soir que l'écriture ne pouvait se résumer à une recherche de consolation. Vous jugiez ce sentiment trop féminin mais vous en admettiez l'aspect central. Ensuite vous avez dit que l'écrivain ne devrait puiser sa force que de lui-même ou de quelques êtres chers. Si j'avais pu prétendre à ce rang, après avoir fermé le livre, je me serais précipité pour vous consoler. Paul…

NATHALIE   Quelle est la question terrible qui va survenir ?

ROLAND   Il y a eu un Paul, ou des Paul dans votre vie ?

NATHALIE   Personne n'a encore tué pour moi, malheureusement.

Roland rit doucement.

ROSANNA   Vous avez un destinataire ?

NATHALIE   Un destinataire ?

ROSANNA   Quelqu'un à qui vous pensez en écrivant ?

NATHALIE   … En achetant un rouge à lèvres davantage.

ROSANNA   Vous enchantez Roland. Vous avez dit que la phrase d'Edna O'Brien aurait pu être de vous. Ça vous a aidé à « appartenir », la littérature ?

NATHALIE   Peut-être. Mais peut-être qu'il ne faut pas appartenir.

ROSANNA   Vous avez le sentiment de jouer le jeu ce soir ?

NATHALIE   Quel jeu ?

ROSANNA   Vous n'aimez pas quand il est question de vous, Nathalie Oppenheim.

NATHALIE   Non.

ROSANNA   On vous sent rétive. On vous sent sur le point de vous cabrer à toute incursion personnelle.

NATHALIE   C'est vrai.

ROSANNA   Quand nous nous sommes parlé au téléphone, vous m'avez demandé de ne pas aborder votre enfance, ni aucun sujet de nature biographique…

NATHALIE   C'est vrai. Je pensais d'ailleurs que ça resterait entre nous, mais bon.

ROSANNA, *imperturbable*   Et vous n'aimez pas parler de votre travail non plus.

NATHALIE   Non plus.

ROSANNA   Vous ne voulez pas… je ne retrouve pas l'expression… *(Elle déplace ses feuilles.)* Vous ne voulez pas… voilà… devenir « le commentateur parasitaire de votre travail »…

NATHALIE   L'auteur n'est pas le mieux placé.

ROSANNA   Alors pourquoi avoir accepté de venir vous entretenir avec nous ?…

NATHALIE   …

ROSANNA   On ne vous voit pour ainsi dire jamais dans ce genre de rencontre…

NATHALIE   Rarement…

ROSANNA   Vous n'allez pas dans les salons, vous ne faites pas de signatures, vous ne cherchez pas spécialement le contact avec vos lecteurs…

NATHALIE   Non.

ROSANNA   Alors qu'on pourrait croire qu'écrire, c'est quand même rechercher un contact…

NATHALIE   Oui, non, non, pas un contact…

ROSANNA   Pas un contact ?

NATHALIE   Un contact physique, non.

ROSANNA   Pas de contact physique…

NATHALIE, *elle la coupe*   Non, je ne dis pas *pas de contact physique*, j'ai l'air de… ! C'est désagréable. Je veux juste dire que c'est difficile de définir la nature de…

ROSANNA   En tout cas vous ne cherchez pas à nouer des liens.

NATHALIE   Non. Bien sûr que non.

ROSANNA   Mais vous avez accepté de venir jusqu'ici.

NATHALIE   J'ai accepté, oui.

ROSANNA   Pour quelle raison ?

NATHALIE   … Il faut une raison ?

ROSANNA   Vous n'allez presque nulle part et vous allez à Vilan-en-Volène.

NATHALIE   La lettre que m'a adressée Roland. La gentillesse, le ton.

ROSANNA   Vous avez dû en recevoir d'autres, des lettres aimables.

NATHALIE   Oui, bien sûr.

ROSANNA   Pourquoi avoir répondu à celle-ci ?

NATHALIE   Je ne suis pas sûre que cet échange présente un intérêt pour…

ROSANNA   Si vous le voulez bien, c'est moi qui décide de l'intérêt ou non des questions. Et je suis têtue : je voudrais savoir, les contradictions éveillent la curiosité, pourquoi, en dépit de vos réticences coutumières, pourquoi vous avez dit oui à cette invitation ?

NATHALIE   Je viens de vous le dire. J'ai été sensible à la lettre de Roland… C'est comme ça…

Qu'est-ce que je peux dire ?... Il n'y a pas de logique... Cent fois je ne le fais pas et un jour je le fais.

ROSANNA   Un jour vous le faites, et ça tombe sur Vilan-en-Volène !

NATHALIE   Si ça vous amuse de le dire comme ça.

ROSANNA   On a de la chance !

ROLAND   *On a* de la chance, Rosanna.

ROSANNA   Je dis le contraire ?

NATHALIE   Un jour, je reçois une invitation pour aller à Vilan-en-Volène et au lieu de dire non comme d'habitude, je dis oui ! Je suis touchée par la lettre d'invitation, les mots me plaisent, je dis oui. Je dis oui, j'irai le samedi vingt-huit mai à Vilan-en-Volène pour parler du *Pays des lassitudes*, alors qu'il n'y a rien de plus absurde que d'aller parler du *Pays des lassitudes*, dont je ne veux jamais parler, mais comme on ne peut pas vivre sans dire oui de temps en temps, et que les choses arrivent toujours de façon masquée, je pense qu'un oui à Vilan-en-Volène est un oui qu'on peut prononcer de façon décontractée. Je suis même assez solide, si vous voulez savoir, sur ce oui, j'y vois une sorte de pied de nez aux institutions après les refus qui ont fait suite au prix Germaine-Beaumont, je me vis comme un esprit indépendant, tout ça ne prend même pas deux secondes, ne parvient peut-être même pas au cerveau, n'empêche que le nom de Vilan-en-Volène est écrit sur l'agenda à l'emplacement du samedi vingt-huit mai. Pendant longtemps, cet emplacement reste gentiment invisible jusqu'au jour où je tourne la page du semainier et où, en bas de page, Vilan me fait un petit coucou avec des horaires de train, et je me dis mais que vas-tu faire à Vilan-en-Volène, tu ne peux pas aller à Vilan-en-Volène, tu n'as aucune raison d'aller dans une ville inconnue parler d'un livre que tu affaiblis à chaque intervention, que tu lisses à chaque intervention, que tu vois fondre dès qu'on t'en parle et que tu en parles, et cependant je ne pourrais pas ne pas y aller, car décommander Vilan reviendrait à dire que je me fous de Vilan de par sa modestie, ce qui ne serait pas la vérité, son inutilité en matière de promotion, ce qui ne serait pas la vérité, je relis les lignes que Roland Boulanger m'a envoyées, j'y vois chaleur et sincérité, je ne veux pas qu'il puisse penser que je traite avec une horrible désinvolture ses Samedis littéraires, s'il y a bien un endroit où je dois absolument aller, que je ne peux décommander, Rosanna Ertel-Keval, c'est Vilan-en-Volène.

ROSANNA   Vous le regrettez ?

NATHALIE   Je suis heureuse d'avoir répondu à l'invitation de Roland.

ROLAND   Et moi bien davantage, ma chère Nathalie. C'est un honneur. Et peu importe que vous ayez dit oui à Vilan au détour de je ne sais quelle fatigue. Moi je suis un fervent de l'impondérable, de la feuille, du flocon, qui tombent là ou là, j'aime croire que l'oscillation des choses et des êtres relève aussi du vent. Et pour tout dire, j'y vois des orientations supérieures !

NATHALIE, *dans l'ignorance de Rosanna*   J'ai hâte de lire vos poèmes, Roland !

ROLAND   C'est cruel de vous moquer en public !

NATHALIE   Sincèrement !

ROLAND   Je crois avoir quelques groupies dans la salle. Vous allez me les chagriner.

NATHALIE   Je n'ai jamais écrit de poésie. Je suis un peu envieuse.

ROLAND   Voilà !

Nathalie et Roland restent un instant, souriant, comme auto-charmés par leur échange.

Rosanna s'est configurée dans une position hiératique.

ROLAND Rosanna, c'est à vous, ressaisissez la barre.

ROSANNA Je n'ai plus de questions.

ROLAND Allons !

ROSANNA Je n'ai pas d'autres questions.

ROLAND Rosanna sans voix, c'est antinaturel !

Rosanna sourit poliment.

ROSANNA Non je... Juste une remarque... Vous êtes, par obligation, dans une logique de reconnaissance...

NATHALIE Heu... Oui ?

ROSANNA Vous aspirez à la réussite, comme tout le monde, Nathalie Oppenheim, mais vous la voudriez *pure* en quelque sorte, sans publicité, même de votre fait. En gros, l'œuvre doit s'imposer seule. C'est ce que vous vous dites.

NATHALIE Ce serait l'idéal.

ROSANNA Est-ce que ce n'est pas le comble de l'orgueil ?

NATHALIE Ah oui ? Peut-être. Peut-être !

ROSANNA Ça vous fait rire ?

NATHALIE   Oh mais oui ! Je n'ai pas envie de m'auto-analyser !

ROSANNA   Bien. *(Elle range ses notes.)* Voilà. J'ai terminé. Merci beaucoup, Roland.

ROLAND   Merci de quoi ?

ROSANNA   De ce… De ce vagabondage au *Pays des lassitudes*… Dans la circonstance, j'ai fait le tour de ce qu'on peut attendre de moi.

ROLAND, *sur le mode le plus enjoué*   Rosanna, Rosanna !

ROSANNA   C'est le titre d'un poème que Julian Barnes a composé pour moi.

ROLAND   Rosanna ?

ROSANNA   Rosanna Rosanna.

ROLAND   Rosanna Rosanna ! Je ne savais pas que Julian Barnes écrivait des poèmes ! Barnes écrit des poèmes, Nathalie.

NATHALIE   Je vois.

ROSANNA   Un petit quatrain pour moi… Je pense que vous avez beaucoup de choses à vous dire tous les deux. *(Désignant les pieds de Nathalie :)* Les chaussures sont amusantes aussi.

ROLAND   Les chaussures ! Ah, ah ! Je les avais notées aussi bien sûr !…

NATHALIE   Oui...

Léger embarras des deux...

ROLAND   Vous savez à qui vous me faites penser Nathalie ? À la merveilleuse Clarice Lispector. Elle disait « mon motif de vanité n'est pas littéraire » – elle n'aimait pas parler de littérature –, elle disait « mon motif de vanité est qu'on me trouve jolie ».

Au carré des inconnus

Le plateau toujours.

Nouvelle configuration. Nouvel éclairage.

Nathalie lit, seule (l'extrait semble se situer à la fin du livre) :

NATHALIE Au carré des inconnus du cimetière Saint-Georges, les parcelles herbeuses qui servent de tombes sont fleuries une fois par an par les employés municipaux. Sur les croix en bois, les petites plaques de métal indiquent une date et le mot *inconnu*. Il n'y a ni trace de naissance ni de mort, et la date est celle de la levée du corps. Le noyé du Port Wilson, dit le journal local, est entré dans le lac, en se mettant les mains sur le visage, il a nagé, plongé une première fois, ressorti la tête de l'eau avant de couler. Son corps a été retrouvé une heure plus tard par la police de la navigation, à une profondeur de moins de deux mètres sur un fond d'algues. Son beau visage intact a été par deux fois publié dans la presse, une diffusion

nationale a été effectuée, suivie d'autres au niveau international. Sans résultat.
Il pleut. J'ai posé une marguerite sur l'herbe du noyé et je suis rentrée à l'hôtel.
Dehors, dans la cour goudronnée, un homme fait fuir les feuilles mortes avec une machine à air. Au milieu du mois d'août les feuilles meurent déjà. Je m'assois sur le froid tissu du lit, bordé à l'extrême. Le temps est sombre à la fenêtre. Je pense au noyé qui a mis ses mains sur son visage avant de plonger. Le brouillard se colle à la vitre comme un geste charitable. Je pouvais toujours décommander Ari pour raisons familiales. Je veux dire pour raison ayant trait aux enfants. Ari avait à cœur de s'incliner quand il s'agissait des enfants. De même que les siens furent toujours un motif sanctifié d'empêchement. Lorsque Louise s'était fait opérer, en urgence, de l'appendicite, je l'avais appelé du couloir de l'hôpital Cochin pour annuler notre soirée. Il s'était montré aussitôt compréhensif, pas la moindre tonalité de déception dans la voix. Un empressement à me dire, ne t'inquiète pas pour moi, soigne ta petite, dans lequel je ne pouvais entendre que l'aubaine de nous mettre dans le même sac. Des êtres responsables, des parents avant tout. Alors qu'il m'était nécessaire que son humeur soit contrariée, que son impatience lui fasse prononcer des mots déplacés, la voix bourgeoise disait la famille est sacrée. N'est-ce pas dans l'ordre des choses que les enfants soient la priorité des parents ? Mais qui veut d'un lien qui ne bouscule pas l'ordre des choses ? À la question avais-je été

une priorité pour mes parents, je pouvais aisément dire non. En avais-je souffert ? Non. Non. Non. En avais-je souffert ? Non. Et quand bien même ? Les nazis, les mafieux, les grands criminels tiennent aussi leurs enfants pour sacrés, il n'y a pas d'attachement moins vertueux. Avec Ari, on jouait à l'abandon. Un jeu imbécile. J'envoyais à Ari, par SMS, le mot *Abandonnée, é, e,* et j'attendais sa réponse en errant d'un coin à l'autre. Au bout d'un moment, il répondait « sans e ». À propos des femmes et de leur amour, Paul avait dit, l'animal à qui elles ressemblent le plus, c'est la phalène, ce papillon fou qui se jette dans les lampes. Avec Ari je jouais au jeu de l'abandon comme on faisait les morts dans les cours de récréation. On s'allonge, on s'éteint, et on ressuscite en courant. Je me demande de quelle matière sont faits ces couvre-lits d'hôtel. Ces linceuls brillants et hostiles, sans poids et qui ne dispensent aucune chaleur.

Nathalie

Quelque part dans l'Espace polyvalent.

Faible lumière de nuit.

Tout est vide et silencieux.

Personne à part Nathalie, au fond, dans un coin.

Elle est de dos, un peu voûtée, et tient son portable à l'oreille.

De temps à autre, elle murmure quelque chose qu'on ne peut comprendre.

Au bout d'un moment, par le coin opposé, en avant-scène, Roland apparaît, sortant de nulle part.

Il reste un instant immobile, n'osant interrompre l'intimité de Nathalie.
Enfin, il ose signaler sa présence par un léger bruit. Nathalie se retourne. Il ébauche, de loin, un geste amical pour signaler qu'elle est attendue ailleurs.

Nathalie acquiesce de la même façon.

Roland disparaît aussitôt.

Après avoir raccroché, Nathalie reste seule, triste et désorientée.

Cocktail

Encore ailleurs dans l'Espace polyvalent.

Quelques éléments plus familiers, à peine, mais il semble y avoir un piano dans un coin, recouvert d'une couverture.
Serions-nous dans un genre de foyer à vocation conviviale ?

Nathalie est assise dans un coin, un verre de sangria à la main (a-t-elle déjà bu un peu trop ?).

Debout, à côté d'elle, l'accaparant, le maire de Vilan-en-Volène, lui-même, verre à la main, buvant sans restriction et mangeant des crackers (sans restriction non plus).

Pendant ce temps, Roland traverse la scène plusieurs fois, comme à la recherche de quelqu'un, disparaissant et repassant.

LE MAIRE Moi je suis un militant du « sans étiquette », et je ne considère pas, comme certains de mes collègues, que le « sans étiquette » est une position apolitique. Je suis de ceux qui pensent que le « sans étiquette », au niveau municipal s'entend, *est* un mouvement. Je suis membre d'un parti, Nathalie, je vous appelle Nathalie, je prends cette liberté, mon parti c'est le parti de ma commune. C'est le parti de Vilan-en-Volène. Mon idéologie c'est le terrain et le bien-être des habitants. Vous savez que c'est une position difficile à tenir : quand vous sortez du nuancier traditionnel rose-bleu vous êtes dans le fourre-tout « autre », avec les royalistes, les régionalistes, tous les dingos, ces crackers sont fantastiques, il faut que je demande à François Chavigneau d'où ils viennent, vous avez goûté, Roland ? Ils sont fantastiques !

ROLAND   Fantastiques !

LE MAIRE, *happé dans le cours d'un va-et-vient, Roland opine. Retour à Nathalie* Alors vous savez que votre Paul, c'est moi ! Je ne fais pas allusion aux prouesses sexuelles, je n'oserais pas, et encore moins à certains actes que seul le romanesque absout, mais moi aussi, chère madame, chère Nathalie, moi qui ne suis pas un grand pleureur, je pleure à la mort de d'Artagnan ! Ça ne rate jamais. « Des quatre vaillants hommes dont nous avons conté l'histoire, il ne restait plus qu'un seul corps. Dieu avait repris les âmes. » Vanité des vies ! Un bâton de maréchal, un hochet de vieillard ! J'ai une vieille édition pourrie d'après la guerre, mal coupée, mal reliée, les premières syllabes bouffées. À l'image du temps. Tout se défait, tout se refait. On fait des choux et des raves et la vie nous oublie. *Comment vous racontez la partie*. Tout est là. Magistral. Je ne plaisante pas. Si je n'avais pas été harponné par les affaires publiques, j'aurais voulu être écrivain. C'est vous les rois. Vous tracez des rues, vous attribuez des postes, vous nommez, vous tuez. Vous donnez un petit coup de fouet à la création. Vous savez le problème quand on vieillit : tout devient morne très vite. C'est le morne qui guette. Je suis comme Paul, moi, je ne veux pas attendre un bus qui n'arrive jamais. Où elle est notre petite Rosanna ? Pas fâchée j'espère ! Vous n'êtes pas facile à interviewer vous. Ça me rappelle une question sur laquelle vous avez botté en touche, et j'ai pensé cette question, mon grand, tu vas la lui reposer.

NATHALIE   Allez-y, monsieur le Maire.

LE MAIRE   Jean-Luc ! Pas de monsieur le Maire, Jean-Luc !

NATHALIE   Allez-y, Jean-Luc.

LE MAIRE   Vous pouvez avoir un lien avec les gens qui n'aiment pas vos œuvres ? Ou qui s'en foutent ?

NATHALIE   J'ai répondu.

LE MAIRE   À peine. Ou alors j'ai eu un black-out.

NATHALIE   Ça doit m'arriver souvent.

LE MAIRE   Non, non, vous voyez ce que je veux dire.

NATHALIE   En général, les gens sont assez discrets, Jean-Luc.

LE MAIRE   Vous vivez dans un monde béni, ma jolie ! C'est où ? Ma mort, ces crackers. J'ai un sujet pour vous. Vous savez le problème avec la réalité ? Elle est périssable. Sans une bonne stratégie narrative, la réalité « goes with the wind ». Les mots sont plus grands que les choses. Où il court ce garçon comme ça ? Ça a pris une drôle d'ampleur, ces Samedis. Chapeau. Du temps de la bibliothèque, honnêtement, ça faisait un peu province. Je le dis à voix basse : il fallait pousser les tables et on avait des invités « second rate » comme disent les Anglais – c'est l'anglais qui me vient ce soir. Je comprends votre truc de ne pas appartenir, moi non plus je ne veux pas appartenir, j'en ai même fait ma cause, mais enfin c'est du pipeau tout ça. On est où on est. Une Nathalie Oppenheim à Vilan, ça nous positionne. Vous êtes un fleuron dans votre paroisse. Alors figurez-vous que j'ai un sujet pour vous : une histoire vraie, ça se passe en Corée, mais on peut la transposer n'importe où. Le président annonce qu'il va se rendre au printemps en province. Le maire de l'une des communes concernées, mon homologue, décide de pavoiser sa ville. Il mobilise la population et instaure une collecte générale. Il commence par mettre les arbres au garde-à-vous, on élague tous les platanes, il fait refaire les chaussées, entièrement, l'enrobé, les trottoirs, il fait peindre les bordures, le jalonnement, il veut tout nickel, il oblige les particuliers à repeindre leurs façades, fleurir les balcons, il fait ravaler les bâtiments administratifs, il veut qu'on rafraîchisse les tenues, il en commande d'autres, il fait ouvrir les tranchées pour vérifier les exutoires d'eau pluviale, il en profite pour faire enterrer le réseau électrique, il fait réaliser une entrée de ville avec le nom de la commune en buis taillé au cordeau, il dessine lui-même les enrochements, il fait virer les baraquements pour ouvrir une perspective, durant des semaines les vieux dans les foyers cousent des drapeaux, les gosses préparent un spectacle à costumes, on fait venir des instruments de musique, la fanfare répète les hymnes. Au dernier moment, Roh Moo-hyun change ses plans et décide de ne pas aller dans cette ville. Le maire reste prostré. Deux jours plus tard, il fait un malaise et meurt.

Nathalie se lève subitement. Va se resservir un verre de sangria et revient s'asseoir près du maire.

NATHALIE   D'une grande gaieté, votre sujet.

LE MAIRE   Qu'est-ce qu'on y peut ? En plus je ne demande pas de droits d'auteur puisque l'histoire est réelle. Une petite dédicace suffira. Ah la voilà ! La voilà, la voilà ! *(Arrivent ensemble Roland, échevelé par ses déplacements, et Rosanna, rayonnante, sac et veste à la main.)* Ma Rosanna !

ROSANNA   Mon Jean-Luc ! Mon petit coquelet !

Effusions.

LE MAIRE   Tu as vu ce qu'il est devenu, ton petit coquelet ! Voilà, voilà comment une vie de kermesses et de vins d'honneur désagrège un homme ! Tu as goûté ces crackers ? Pourquoi on me met des trucs comme ça dans les mains ? Toi tu es splendide, impériale. On te voit partout, sauf chez nous, il a fallu une Nathalie Oppenheim pour que tu condescendes. Je viens de lui trouver un sujet pour son prochain livre. Triste, bon. Mais de mon point de vue à haute teneur burlesque. Pile pour vous. En se débrouillant bien, une fois acquis certains présupposés sentimentaux, on pourrait faire du maire un gars à la Jack Lemmon, vous voyez, un genre de fonceur illuminé, il entraîne sa ville dans une série de péripéties, le lecteur se régale – il assiste à un petit « digest » de la marche du monde – jusqu'au moment où tout s'arrête. À partir de là, changement de ton. Absurdité, désolation. Tout le monde veut être quelqu'un, non ?

ROSANNA   Ça va, Nathalie ? Vous paraissez complètement assommée, ma pauvre. C'est toi, Jean-Luc, qui l'assommes comme ça ?

LE MAIRE   Je ne l'assomme pas du tout ! Je vous assomme, Nathalie ?

NATHALIE   Non, je me laisse pénétrer par la fable...

LE MAIRE   Tu vois ? C'est toi qui l'as assommée avec ton esprit inquisiteur, vous êtes insatiables, les journalistes !

ROSANNA   On va se disputer au bout d'une minute ? Vous buvez quoi ? De la sangria, parfait. Tu sais avec qui j'étais au téléphone, mon chou ? À l'instant ?

ROLAND, *courant servir Rosanna*   Journaliste n'est pas le mot, monsieur le Maire, Rosanna est la confidente des gens de plume.

LE MAIRE   Et la muse, si j'ai bien entendu !

ROSANNA   La muse, parfois.

ROLAND, *en homme déjà dans le secret* Dites avec qui vous étiez.

ROSANNA Ça n'a pas d'importance…

ROLAND Dites-leur, Rosanna !

ROSANNA Avec Philip Roth. *(Elle prononce à l'américaine.)*

ROLAND Philip Roth !

ROSANNA Je me demande si Jean-Luc sait qui c'est ! Ahah !

LE MAIRE Nathalie, vous avez eu raison de vous tenir à distance de Madame Ertel-Keval. C'est une femme qui a un mauvais fond.

ROSANNA Très mauvais !

ROLAND Ils sont amis d'enfance…

NATHALIE Oui…

ROLAND Ça va ?…

NATHALIE Parfaitement, Roland.

LE MAIRE Et qu'est-ce qu'il te raconte, ce Roth ?

ROSANNA Je ne sais pas encore. Je m'envole lundi pour Warren. Philip veut me parler. Je me demande quel genre de valise je dois faire, il fait très chaud à cette époque dans le Connecticut, non ?

ROLAND   Chaud et humide.

LE MAIRE   Humide, très juste ! Est-ce que vous savez que le nom « Connecticut » signifie, en langue indienne, paysage fluvial ? Eh oui, réfléchis, tu as l'Hudson, tu as le détroit de Long Island, ajoute un relief vallonné, une végétation importante, c'est verdoyant le Connecticut, au fond c'est le midi de la Nouvelle-Angleterre…

ROSANNA   Tais-toi donc mon coquelet, on s'en fout complètement.

LE MAIRE   Prends un petit ciré quand même.

ROLAND   Ils se connaissent depuis l'école.

ROSANNA   Oublions ce détail, Roland, si vous le voulez bien. En attendant, Nathalie, moi je n'ai toujours pas eu ma dédicace.

Rosanna sort de son sac l'exemplaire du « Pays des lassitudes » et le tend à Nathalie.

Nathalie le prend sans conviction.

LE MAIRE   Et mon exemplaire, où est-il ? Moi aussi je veux une dédicace ! Je l'ai laissé dans la salle ?

ROLAND   Mais non, il est posé là, monsieur le Maire !

LE MAIRE   Ah voilà, voilà !… Inutile de préciser que nous ne voulons pas du petit mot gentil et passe-partout. D'abord parce que Rosanna ne mérite pas de mots gentils, ensuite parce que le mot gentil et passe-partout finit automatiquement chez le soldeur. Dans la salle dite de bibliothèque de la mairie – une cinquantaine de recueils qui se battent en duel – j'ai trouvé, je ne sais pas si on vous l'a dit, Roland, un exemplaire signé de *Sodome et Gomorrhe* : « À madame X, en modeste – était-ce piètre ? peu importe – dédommagement pour la gêne causée par mes travaux. » C'est rigolo parce qu'on imagine tout de suite Marcel Proust empaquetant son livre et allant à pas feutrés le déposer sur le paillasson du dessous…

ROSANNA   Tu nous épuises, Jean-Luc. Vous avez voté pour lui, Roland ?

LE MAIRE   Il a voté pour moi, il est obligé, je préside le Conseil régional !… On la distrait. Elle a besoin de se concentrer. Je veux juste vous dire une chose importante, Nathalie…

ROSANNA   Mais tu es infernal, tu as trop bu.

LE MAIRE   Non, non, c'est très important les histoires de cœur, je bois pour déglutir ces petits salés, impeccable d'ailleurs la sangria, bien que ça rende triste, les histoires de cœur qu'on appelle de cœur, que moi j'appelle sentimentalophysiques, entraînent des désordres terribles, on parlait de Proust, un connaisseur définitif, lui, vous savez pourquoi, parce que la plupart des hommes sont des hommes d'inaction, plus les hommes se foutent des panoplies d'hommes d'action, affaires, politique, plus ils sont passifs dans la vraie vie, vous avez compris ça dans votre livre, la fixité de l'homme, c'est ça que vous racontez, c'est ça votre lassitude – j'ai un coup de brillance, non ? – non, sans blague, c'est notre inertie qui vous tue, enfin je dis *notre* par solidarité de genre mais moi je suis proche d'un Paul, un gars qui ne pense pas que le train fera un détour pour lui.

ROSANNA C'est une déclaration, Nathalie, j'espère que vous l'appréciez. Je suis à deux doigts d'être jalouse.

LE MAIRE Je veux que Nathalie sache que j'ai compris son livre !

NATHALIE Vous êtes une âme sœur, monsieur le Maire ?

LE MAIRE Je le suis !

ROLAND Et voilà ! On en trouve. À Vilan-en-Volène !

LE MAIRE   Jean-Luc, Jean-Luc !...

NATHALIE, *tenant les deux livres comme des choses encombrantes*   Vous êtes une âme sœur, Jean-Luc...

LE MAIRE   Et vous allez passer à côté. C'est triste !

ROSANNA   Une âme sœur. Ça existe, cette faribole ? Je suis contente de te voir, mon coquelet joli... Et si vous nous immortalisiez, Roland ?...

ROLAND   Ah volontiers !

ROSANNA   Je me suis recoiffée dans les toilettes en carrelage rose – on avait exactement le même dans le vestiaire des filles au stade de Mergeau –, ça m'a provoqué –, c'était quoi le mot ? *une attaque de mélancolie.* Je ne dis pas ça négativement, au contraire... La vie est passée à une vitesse... Autrefois un petit verre me donnait du peps, aujourd'hui c'est complètement l'inverse. Ça m'enlève tout cran...

Roland prend une photo avec son portable.

LE MAIRE   Une autre avec Nathalie !

NATHALIE   Non, non...

LE MAIRE   Pour ma collection personnelle. *(Il*

lui enlève les livres des mains.) Prenez votre temps, laissez venir.

NATHALIE   Je ne suis pas sûre d'être à mon avantage…

ROSANNA   Qui peut l'être dans cette lumière ?

ROLAND   Vous êtes très jolie, Nathalie. Je ne sais pas si c'est votre motif de vanité, mais je me fais fort de l'attester.

ROSANNA, *ils posent et tandis que Roland prend plusieurs photos*   Vous faites quoi ici ? Des séminaires ? Des tombolas… ? Je peux fumer ou la politique de santé publique me l'interdit ?

LE MAIRE   Elle te l'interdit, ma cane.

ROSANNA, *allumant sa cigarette*   Tu fermeras les yeux, mon chou. Plus la moindre envie d'aller à Warren. Une chose vous paraît désirable et à portée de main, cinq minutes après c'est un fardeau exténuant.

LE MAIRE   Laisse tomber ces agitations inutiles ! Qu'est-ce que tu vas aller faire dans ce trou ? Elle est magnifique, cette salle ! Roland ?

ROLAND   Magnifique !

LE MAIRE   Magnifique ! Des tombolas, on en fait bien sûr. Des séminaires aussi. Et des concerts, remises de prix, banquets, noces…

ROLAND   Noces d'or !

LE MAIRE   Noces d'or ! La nuit est noire ici. Les gens ne traversent pas l'Atlantique pour un oui pour un non chez nous. Cette salle, c'est trois ans de bras de fer avec le département et l'intercommunalité. Pour défendre quoi ? Je le dis sans gêne aucune : une conception primitive du bonheur. Au budget, ça pèse aussi lourd que l'action sociale. Elle est même aux nouvelles normes de la fédération de tennis de table pour les qualifications depuis qu'on a sucré les poteaux de devant.

ROLAND   Et si vous étiez venues deux jours plus tôt, vous auriez pu admirer l'exposition ornithologique…

LE MAIRE   L'expo de l'Oiseau Club ! Chaque année plus belle. Un *must*. Les amateurs font des kilomètres. Des gradations de couleurs surnaturelles, rien que sur le jabot parfois !… Il est accordé, le piano ? Qui sait jouer ? J'aurais bien chanté, je nous sens l'esprit un peu russe ce soir.

NATHALIE   Ah oui !… Oui ?… *(Roland se précipite vers le piano et enlève la couverture qui le recouvre.)* Oh, Rosanna, j'ai une histoire pour vous : une amie, un écrivain que vous connaissez, est venue dîner chez moi, toute la soirée elle et moi avons parlé de choses tristes et démoralisantes, et puis nous nous sommes quittées et elle est descendue à pied dans la cage d'escalier. Au moment où j'allais fermer la porte, je l'ai entendue chanter, au premier étage, elle chantonnait, je me suis penchée et j'ai crié : tu chantes ?! Et elle m'a répondu non, non c'est une erreur, j'étais justement en train de me dire : mais pourquoi tu chantes ?!...

ROSANNA   Pour moi ?

NATHALIE   Pour que vous disiez : un jour Nathalie Oppenheim m'a raconté une histoire...

Roland s'est mis à jouer.

On reconnaît, dans une version propre à Roland, l'introduction de « Nathalie » de Gilbert Bécaud.

À peine Roland commence à chanter que le maire l'accompagne à voix puissante.
Tout le monde se retrouve autour du piano.
Nathalie et Rosanna chantent aussi.

Le maire entraîne les filles à danser.

Roland

Même lieu.
Changement complet de lumière et d'atmosphère.

La nuit est bien là. Vidée et sombre.

Le maire et Rosanna sont quelque part, ensemble.

Nathalie est debout.
Habillée pour partir, elle lit le livre de poésie de Roland.

Arrive Roland.

ROLAND   La voiture est devant.

NATHALIE, *allusion à ce qu'elle vient de découvrir*   Roland !...

ROLAND   ... Je n'aurais pas dû vous l'offrir, c'était très présomptueux.

Nathalie continue de lire, sans tenir compte de la phrase de Roland.

Un temps.

ROLAND   Vous pourriez y jeter un œil plus tard. Loin de moi.

NATHALIE   Au contraire.

Silence.

LE MAIRE   Je n'ai pas eu accès à cet ouvrage, personnellement…

ROLAND   Je vous attends dehors…

NATHALIE, *elle lui tend le livre*   Et si vous nous lisiez celui-là, Roland ?…

ROLAND   Quelle mauvaise idée.

NATHALIE   Je l'ai bien fait, moi.

ROLAND   Ça n'a rien à voir.

Avant que Roland n'ait le temps de sortir (ou de lui reprendre le livre), Nathalie se met à lire à voix haute :

NATHALIE

> Retourné au square de l'enfance
> Au-dessus du chemin de fer
> Une femme quand j'y repense
> Attendait sur le banc de pierre

Que j'aie joué que j'aie joué.
Entre les buis et la barrière
Je surveillais par une trouée
La ville de ma meurtrière

Elle m'emmenait après la classe
Nous étions bien seuls tous les deux
Moi je m'occupais à mes jeux
Elle attendait que la vie passe

Assise tenant son sac serré
Toujours sur un côté du banc
Et jamais ne bougeait avant
Que j'aie joué que j'aie joué.

Comment vous racontez la partie a été créé le 11 mars 2014 au Théâtre Liberté, à Toulon, par la Compagnie des Petites-Heures, en coproduction avec le Théâtre Liberté, le Théâtre du Rond-Point, les Théâtres de la Ville de Luxembourg, le Théâtre des Célestins, le Théâtre des Sablons.

Mise en scène : Yasmina REZA
Décor : Jacques GABEL
Lumière : Roberto VENTURINI
Costumes : Nathalie LECOULTRE
Son : Xavier JACQUOT
Assistante à la mise en scène : Sophie LECARPENTIER

Distribution
　Nathalie Oppenheim : Zabou BREITMAN
　Roland Boulanger : Romain COTTARD
　Rosanna Ertel-Keval : Dominique REYMOND
　Le Maire : André MARCON

Trois versions de la vie	9
Une pièce espagnole	109
Le dieu du carnage	209
Comment vous racontez la partie	303

DU MÊME AUTEUR

Romans, récits

HAMMERKLAVIER (Folio n° 6239)

UNE DÉSOLATION (Folio n° 6136)

ADAM HABERBERG (première édition), repris sous le titre : HOMMES QUI NE SAVENT PAS ÊTRE AIMÉS (deuxième édition) (Livre de poche n° 30153), puis sous le titre original (troisième édition) (Folio n° 6000)

NULLE PART (Folio n° 6138)

DANS LA LUGE D'ARTHUR SCHOPENHAUER (Folio n° 5991)

L'AUBE LE SOIR OU LA NUIT (J'ai lu n° 8930)

HEUREUX LES HEUREUX (Folio n° 5813)

BABYLONE, prix Renaudot 2016

Théâtre

« ART », (Folio n° 6240)

CONVERSATIONS APRÈS UN ENTERREMENT, LA TRAVERSÉE DE L'HIVER, L'HOMME DU HASARD et « ART », repris dans THÉÂTRE (Livre de poche n° 14701)

LE PIQUE-NIQUE DE LULU KREUTZ

TROIS VERSIONS DE LA VIE

UNE PIÈCE ESPAGNOLE

LE DIEU DU CARNAGE (Folio n° 6137)

COMMENT VOUS RACONTEZ LA PARTIE (Folio n° 5814)

BELLA FIGURA

TROIS VERSIONS DE LA VIE, UNE PIÈCE ESPAGNOLE, LE DIEU DU CARNAGE (Folio n° 6137) ET COMMENT VOUS RACONTEZ LA PARTIE (Folio n° 5814) repris dans THÉÂTRE (Folio n° 6356)

COLLECTION FOLIO

Dernières parutions

6703. Dave Eggers — Une œuvre déchirante d'un génie renversant
6704. Nicolas Fargues — Je ne suis pas une héroïne
6705. Timothée de Fombelle — Neverland
6706. Jérôme Garcin — Le syndrome de Garcin
6707. Jonathan Littell — Les récits de Fata Morgana
6708. Jonathan Littell — Une vieille histoire. Nouvelle version
6709. Herta Müller — Le renard était déjà le chasseur
6710. Arundhati Roy — Le Ministère du Bonheur Suprême
6711. Baltasar Gracian — L'Art de vivre avec élégance. Cent maximes de L'Homme de cour
6712. James Baldwin — L'homme qui meurt
6713. Pierre Bergounioux — Le premier mot
6714. Tahar Ben Jelloun — La punition
6715. John Dos Passos — Le 42e parallèle. U.S.A. I
6716. John Dos Passos — 1919. U.S.A. II
6717. John Dos Passos — La grosse galette. U.S.A. III
6718. Bruno Fuligni — Dans les archives inédites du ministère de l'Intérieur. Un siècle de secrets d'État (1870-1945)
6719. André Gide — Correspondance. 1888-1951
6720. Philippe Le Guillou — La route de la mer
6721. Philippe Le Guillou — Le roi dort
6722. Jean-Noël Pancrazi — Je voulais leur dire mon amour
6723. Maria Pourchet — Champion

6724.	Jean Rolin	*Le traquet kurde*
6725.	Pénélope Bagieu	*Culottées Livre II-partie 1*
6726.	Pénélope Bagieu	*Culottées Livre II-partie 2*
6727.	Marcel Proust	*Vacances de Pâques et autres chroniques*
6728.	Jane Austen	*Amour et amitié*
6729.	Collectif	*Scènes de lecture. De saint Augustin à Proust*
6730.	Christophe Boltanski	*Le guetteur*
6731.	Albert Camus et Maria Casarès	*Correspondance. 1944-1959*
6732.	Albert Camus et Louis Guilloux	*Correspondance. 1945-1959*
6733.	Ousmane Diarra	*La route des clameurs*
6734.	Eugène Ébodé	*La transmission*
6735.	Éric Fottorino	*Dix-sept ans*
6736.	Hélène Gestern	*Un vertige* suivi de *La séparation*
6737.	Jean Hatzfeld	*Deux mètres dix*
6738.	Philippe Lançon	*Le lambeau*
6739.	Zadie Smith	*Swing Time*
6740.	Serge Toubiana	*Les bouées jaunes*
6741.	C. E. Morgan	*Le sport des rois*
6742.	Marguerite Yourcenar	*Les Songes et les Sorts*
6743.	Les sœurs Brontë	*Autolouange et autres poèmes*
6744.	F. Scott Fitzgerald	*Le diamant gros comme le Ritz*
6745.	Nicolas Gogol	*2 nouvelles de Pétersbourg*
6746.	Eugène Dabit	*Fauteuils réservés et autres contes*
6747.	Jules Verne	*Cinq semaines en ballon*
6748.	Henry James	*La Princesse Casamassima*
6749.	Claire Castillon	*Ma grande*
6750.	Fabrice Caro	*Le discours*
6751.	Julian Barnes	*La seule histoire*
6752.	Guy Boley	*Quand Dieu boxait en amateur*
6753.	Laurence Cossé	*Nuit sur la neige*
6754.	Élisabeth de Fontenay	*Gaspard de la nuit*
6755.	Elena Ferrante	*L'amour harcelant*

6756. Franz-Olivier Giesbert — *La dernière fois que j'ai rencontré Dieu*
6757. Paul Greveillac — *Maîtres et esclaves*
6758. Stefan Hertmans — *Le cœur converti*
6759. Anaïs LLobet — *Des hommes couleur de ciel*
6760. Juliana Léveillé-Trudel — *Nirliit*
6761. Mathieu Riboulet — *Le corps des anges*
6762. Simone de Beauvoir — *Pyrrhus et Cinéas*
6763. Dōgen — *La présence au monde*
6764. Virginia Woolf — *Un lieu à soi*
6765. Benoît Duteurtre — *En marche !*
6766. François Bégaudeau — *En guerre*
6767. Anne-Laure Bondoux — *L'aube sera grandiose*
6768. Didier Daeninckx — *Artana ! Artana !*
6769. Jachy Durand — *Les recettes de la vie*
6770. Laura Kasischke — *En un monde parfait*
6771. Maylis de Kerangal — *Un monde à portée de main*
6772. Nathalie Kuperman — *Je suis le genre de fille*
6773. Jean-Marie Laclavetine — *Une amie de la famille*
6774. Alice McDermott — *La neuvième heure*
6775. Ota Pavel — *Comment j'ai rencontré les poissons*
6776. Ryoko Sekiguchi — *Nagori. La nostalgie de la saison qui vient de nous quitter*
6777. Philippe Sollers — *Le Nouveau*
6778. Annie Ernaux — *Hôtel Casanova et autres textes brefs*
6779. Victor Hugo — *Les Fleurs*
6780. Collectif — *Notre-Dame des écrivains. Raconter et rêver la cathédrale du Moyen Âge à demain*
6781. Carole Fives — *Tenir jusqu'à l'aube*
6782. Esi Edugyan — *Washington Black*
6784. Emmanuelle Bayamack-Tam — *Arcadie*
6785. Pierre Guyotat — *Idiotie*
6786. François Garde — *Marcher à Kerguelen.*
6787. Cédric Gras — *Saisons du voyage.*

6788. Paolo Rumiz — *La légende des montagnes qui naviguent.*
6789. Jean-Paul Kauffmann — *Venise à double tour*
6790. Kim Leine — *Les prophètes du fjord de l'Éternité*
6791. Jean-Christophe Rufin — *Les sept mariages d'Edgar et Ludmilla*
6792. Boualem Sansal — *Le train d'Erlingen ou La métamorphose de Dieu*
6793. Lou Andreas-Salomé — *Ce qui découle du fait que ce n'est pas la femme qui a tué le père et autres textes psychanalytiques*
6794. Sénèque — *De la vie heureuse* précédé de *De la brièveté de la vie*
6795. Famille Brontë — *Lettres choisies*
6796. Stéphanie Bodet — *À la verticale de soi*
6797. Guy de Maupassant — *Les Dimanches d'un bourgeois de Paris et autres nouvelles*
6798. Chimamanda Ngozi Adichie — *Nous sommes tous des féministes* suivi du *Danger de l'histoire unique*
6799. Antoine Bello — *Scherbius (et moi)*
6800. David Foenkinos — *Deux sœurs*
6801. Sophie Chauveau — *Picasso, le Minotaure. 1881-1973*
6802. Abubakar Adam Ibrahim — *La saison des fleurs de flamme*
6803. Pierre Jourde — *Le voyage du canapé-lit*
6804. Karl Ove Knausgaard — *Comme il pleut sur la ville. Mon combat - Livre V*
6805. Sarah Marty — *Soixante jours*
6806. Guillaume Meurice — *Cosme*
6807. Mona Ozouf — *L'autre George. À la rencontre de l'autre George Eliot*
6808. Laurine Roux — *Une immense sensation de calme*
6809. Roberto Saviano — *Piranhas*

6810.	Roberto Saviano	*Baiser féroce*
6811.	Patti Smith	*Dévotion*
6812.	Ray Bradbury	*La fusée et autres nouvelles*
6813.	Albert Cossery	*Les affamés ne rêvent que de pain*
6814.	Georges Rodenbach	*Bruges-la-Morte*
6815.	Margaret Mitchell	*Autant en emporte le vent I*
6816.	Margaret Mitchell	*Autant en emporte le vent II*
6817.	George Eliot	*Felix Holt, le radical.* À paraître
6818.	Goethe	*Les Années de voyage de Wilhelm Meister*
6819.	Meryem Alaoui	*La vérité sort de la bouche du cheval*
6820.	Unamuno	*Contes*
6821.	Leïla Bouherrafa	*La dédicace.*
6822.	Philippe Djian	*Les inéquitables*
6823.	Carlos Fuentes	*La frontière de verre. Roman en neuf récits*
6824.	Carlos Fuentes	*Les années avec Laura Díaz. Nouvelle édition augmentée*
6825.	Paula Jacques	*Plutôt la fin du monde qu'une écorchure à mon doigt.*
6826.	Pascal Quignard	*L'enfant d'Ingolstadt. Dernier royaume X*
6827.	Raphaël Rupert	*Anatomie de l'amant de ma femme*
6828.	Bernhard Schlink	*Olga*
6829.	Marie Sizun	*Les sœurs aux yeux bleus*
6830.	Graham Swift	*De l'Angleterre et des Anglais*
6831.	Alexandre Dumas	*Le Comte de Monte-Cristo*
6832.	Villon	*Œuvres complètes*
6833.	Vénus Khoury-Ghata	*Marina Tsvétaïéva, mourir à Elabouga*
6834.	Élisa Shua Dusapin	*Les billes du Pachinko*
6835.	Yannick Haenel	*La solitude Caravage*
6836.	Alexis Jenni	*Féroces infirmes*

6837.	Isabelle Mayault	*Une longue nuit mexicaine*
6838.	Scholastique Mukasonga	*Un si beau diplôme !*
6839.	Jean d'Ormesson	*Et moi, je vis toujours*
6840.	Orhan Pamuk	*La femme aux cheveux roux*
6841.	Joseph Ponthus	*À la ligne. Feuillets d'usine*
6842.	Ron Rash	*Un silence brutal*
6843.	Ron Rash	*Serena*
6844.	Bénédicte Belpois	*Suiza*
6845.	Erri De Luca	*Le tour de l'oie*
6846.	Arthur H	*Fugues*
6847.	Francesca Melandri	*Tous, sauf moi*
6848.	Eshkol Nevo	*Trois étages*
6849.	Daniel Pennac	*Mon frère*
6850.	Maria Pourchet	*Les impatients*
6851.	Atiq Rahimi	*Les porteurs d'eau*
6852.	Jean Rolin	*Crac*
6853.	Dai Sijie	*L'Évangile selon Yong Sheng*
6854.	Sawako Ariyoshi	*Le crépuscule de Shigezo*
6855.	Alexandre Dumas	*Les Compagnons de Jéhu*
6856.	Bertrand Belin	*Grands carnivores*
6857.	Christian Bobin	*La nuit du cœur*
6858.	Dave Eggers	*Les héros de la Frontière*
6859.	Dave Eggers	*Le Capitaine et la Gloire*
6860.	Emmanuelle Lambert	*Giono, furioso*
6861.	Danièle Sallenave	*L'églantine et le muguet*
6862.	Martin Winckler	*L'École des soignantes*
6863.	Zéno Bianu	*Petit éloge du bleu*
6864.	Collectif	*Anthologie de la littérature grecque. De Troie à Byzance*
6865.	Italo Calvino	*Monsieur Palomar*
6866.	Auguste de Villiers de l'Isle-Adam	*Histoires insolites*
6867.	Tahar Ben Jelloun	*L'insomniaque*
6868.	Dominique Bona	*Mes vies secrètes*
6869.	Arnaud Cathrine	*J'entends des regards que vous croyez muets*
6870.	Élisabeth Filhol	*Doggerland*

6871. Lisa Halliday — *Asymétrie*
6872. Bruno Le Maire — *Paul. Une amitié*
6873. Nathalie Léger — *La robe blanche*
6874. Gilles Leroy — *Le diable emporte le fils rebelle*
6875. Jacques Ferrandez / Jean Giono — *Le chant du monde*
6876. Kazuo Ishiguro — *2 nouvelles musicales*
6877. Collectif — *Fioretti. Légendes de saint François d'Assise*
6878. Herta Müller — *La convocation*
6879. Giosuè Calaciura — *Borgo Vecchio*
6880. Marc Dugain — *Intérieur jour*
6881. Marc Dugain — *Transparence*
6882. Elena Ferrante — *Frantumaglia. L'écriture et ma vie*
6883. Lilia Hassaine — *L'œil du paon*
6884. Jon McGregor — *Réservoir 13*
6885. Caroline Lamarche — *Nous sommes à la lisière*
6886. Isabelle Sorente — *Le complexe de la sorcière*
6887. Karine Tuil — *Les choses humaines*
6888. Ovide — *Pénélope à Ulysse et autres lettres d'amour de grandes héroïnes antiques*
6889. Louis Pergaud — *La tragique aventure de Goupil et autres contes animaliers*
6890. Rainer Maria Rilke — *Notes sur la mélodie des choses et autres textes*
6891. George Orwell — *Mil neuf cent quatre-vingt-quatre*
6892. Jacques Casanova — *Histoire de ma vie*
6893. Santiago H. Amigorena — *Le ghetto intérieur*
6894. Dominique Barbéris — *Un dimanche à Ville-d'Avray*
6895. Alessandro Baricco — *The Game*
6896. Joffrine Donnadieu — *Une histoire de France*
6897. Marie Nimier — *Les confidences*
6898. Sylvain Ouillon — *Les jours*
6899. Ludmila Oulitskaïa — *Médée et ses enfants*
6900. Antoine Wauters — *Pense aux pierres sous tes pas*

6901.	Franz-Olivier Giesbert	*Le schmock*
6902.	Élisée Reclus	*La source* et autres histoires d'un ruisseau
6903.	Simone Weil	*Étude pour une déclaration des obligations envers l'être humain* et autres textes
6904.	Aurélien Bellanger	*Le continent de la douceur*
6905.	Jean-Philippe Blondel	*La grande escapade*
6906.	Astrid Éliard	*La dernière fois que j'ai vu Adèle*
6907.	Lian Hearn	*Shikanoko, livres I et II*
6908.	Lian Hearn	*Shikanoko, livres III et IV*
6909.	Roy Jacobsen	*Mer blanche*
6910.	Luc Lang	*La tentation*
6911.	Jean-Baptiste Naudet	*La blessure*
6912.	Erik Orsenna	*Briser en nous la mer gelée*
6913.	Sylvain Prudhomme	*Par les routes*
6914.	Vincent Raynaud	*Au tournant de la nuit*
6915.	Kazuki Sakuraba	*La légende des filles rouges*
6916.	Philippe Sollers	*Désir*
6917.	Charles Baudelaire	*De l'essence du rire* et autres textes
6918.	Marguerite Duras	*Madame Dodin*
6919.	Madame de Genlis	*Mademoiselle de Clermont*
6920.	Collectif	*La Commune des écrivains. Paris, 1871 : vivre et écrire l'insurrection*
6921.	Jonathan Coe	*Le cœur de l'Angleterre*
6922.	Yoann Barbereau	*Dans les geôles de Sibérie*
6923.	Raphaël Confiant	*Grand café Martinique*
6924.	Jérôme Garcin	*Le dernier hiver du Cid*
6925.	Arnaud de La Grange	*Le huitième soir*
6926.	Javier Marías	*Berta Isla*
6927.	Fiona Mozley	*Elmet*
6928.	Philip Pullman	*La Belle Sauvage. La trilogie de la Poussière, I*
6929.	Jean-Christophe Rufin	*Les trois femmes du Consul. Les énigmes d'Aurel le Consul*

6930. Collectif — *Haikus de printemps et d'été*
6931. Épicure — *Lettre à Ménécée* et autres textes
6932. Marcel Proust — *Le Mystérieux Correspondant et autres nouvelles retrouvées*
6933. Nelly Alard — *La vie que tu t'étais imaginée*
6934. Sophie Chauveau — *La fabrique des pervers*
6935. Cecil Scott Forester — *L'heureux retour*
6936. Cecil Scott Forester — *Un vaisseau de ligne*
6937. Cecil Scott Forester — *Pavillon haut*
6938. Pam Jenoff — *La parade des enfants perdus*
6939. Maylis de Kerangal — *Ni fleurs ni couronnes* suivi de *Sous la cendre*
6940. Michèle Lesbre — *Rendez-vous à Parme*
6941. Akira Mizubayashi — *Âme brisée*
6942. Arto Paasilinna — *Adam & Eve*
6943. Leïla Slimani — *Le pays des autres*
6944. Zadie Smith — *Indices*
6945. Cesare Pavese — *La plage*
6946. Rabindranath Tagore — *À quatre voix*
6947. Jean de La Fontaine — *Les Amours de Psyché et de Cupidon* précédé d'*Adonis* et du *Songe de Vaux*
6948. Bartabas — *D'un cheval l'autre*
6949. Tonino Benacquista — *Toutes les histoires d'amour ont été racontées, sauf une*
6950. François Cavanna — *Crève, Ducon !*
6951. René Frégni — *Dernier arrêt avant l'automne*
6952. Violaine Huisman — *Rose désert*
6953. Alexandre Labruffe — *Chroniques d'une station-service*
6954. Franck Maubert — *Avec Bacon*
6955. Claire Messud — *Avant le bouleversement du monde*
6956. Olivier Rolin — *Extérieur monde*
6957. Karina Sainz Borgo — *La fille de l'Espagnole*
6958. Julie Wolkenstein — *Et toujours en été*
6959. James Fenimore Cooper — *Le Corsaire Rouge*

Composition Nord Compo
Impression Maury Imprimeur
45330 Malesherbes
le 28 novembre 2021
Dépôt légal : novembre 2021
1ᵉʳ dépôt légal dans la collection : août 2017
Numéro d'imprimeur : 259085

ISBN 978-2-07-046799-0 / Imprimé en France.

434686